HEINZ WINKLERs
HEILPFLANZEN FÜR GENIESSER

Heinz Winkler · Dr. med. Robert M. Bachmann
Dr. jur. Birgit Kofler-Bettschart
Fotos: Thomas Kauffelt

HEINZ
WINKLERs

HEILPFLANZEN *für* GENIESSER

Die natürliche Gourmetküche

Jan Thorbecke Verlag

Bibliografische Information der Deutschen Nationalbibliothek
Die Deutsche Nationalbibliothek verzeichnet diese Publikation in der Deutschen Nationalbibliographie; detaillierte bibliographische Daten sind im Internet über http://dnb.d-nb.de abrufbar

www.thorbecke.de
info@thorbecke.de

ISBN-10: 3-7995-3528-4
ISBN-13: 978-3-7995-3528-1

INHALT

Einen Dank an die Crew,
die zur Entstehung dieses
Buches beigetragen hat:

Erich Schwingshackl

Simon Larese

Marco Pedrelli

Stefan Albus

Dominic Legeay

Pavic Vjekoslav

VORWORT

FÜR JEDEN IST EIN KRAUT GEWACHSEN

Ob dem Steinzeitmenschen sein Mammut wohl geschmeckt hat? Schon möglich. Ob er bewusst Moose, Blüten und Wildkräuter als delikate Beilage dazu gewählt hat? Wohl kaum. »Genuss« ist ein Privileg der Neuzeit. Davor ging es schlicht ums Überleben.

Wesentlich älter aber als unser Vergnügen am Geschmack ist das instinktive, später dann kultivierte Wissen um die schützende Kraft von Pflanzen. Das Kräuterwissen unserer Ahnen ist in den letzten Jahrzehnten erforscht, empirisch beurteilt und medizinisch genutzt worden. Wie kommt es also, dass die (Heil-)Kraft aus Wald und Wiese noch heute zahlreiche Überraschungen birgt?
Vielleicht weil Pflanzen, wie der amerikanische Journalist Prentice Mulford es einmal formulierte, »ein lebendiger Gedanke Gottes« sind? In ihren Wurzeln, Stängeln und Blättern vereint sich die Weisheit einer Jahrtausende alten Entwicklung. Sie kitzeln unsere Zunge mit feinen Aromen, ihr Duft betört unsere Nasen, manchmal gar unseren Verstand. Es reicht, sich auf diese Betörung einzulassen.

Man muss nicht unbedingt wissen, was Flavonoide sind. Doch es macht Spaß zu erfahren, dass sich hinter dem Begriff zugleich Farbgeber, Geschmack und Medizin verbergen! Wildkräuter, Gemüse und Heilpflanzen sind seit 20 Jahren wichtige Bestandteile meiner Cuisine Vitale. Ihre Philosophie ist mühelos auf die Alltagsküche übertragbar: Pflücken Sie sich einfach die Basis für Ihre Gesundheit.

Denn nur wer gesund is(s)t, kann auch schwelgen.

Heinz Winkler

VORWORT

»LASS' NAHRUNG DEINE MEDIZIN SEIN...«

»Lass' Nahrung Deine Medizin sein und Medizin Deine Nahrung«, empfahl schon Hippokrates. Was der Vater der europäischen Heilkunde so treffend auf den Punkt brachte, hat eine lange Tradition: In der Volksmedizin aller Länder und Kontinente waren und sind zahllose Pflanzen und Kräuter nicht nur wegen ihrer kulinarischen Vorzüge, sondern auch wegen ihrer gesundheitsfördernden Wirkung beliebt.

Die Bedeutung vieler Heilpflanzen für die Gesundheit geriet mit der Entwicklung der modernen Medizin weitgehend in Vergessenheit. Bis sich schließlich ein neues, an naturnahen Konzepten orientiertes Gesundheitsbewusstsein verstärkt für das traditionelle Heilwissen der alten Volksmedizin zu interessieren begann.

Mittlerweile untersucht die Phytopharmakologie mit modernen Methoden, wie es im Detail zu den seit langem bekannten Wirkungen vieler Pflanzen auf den Organismus kommen kann – und bestätigt viele Erkenntnisse der traditionellen Volksmedizin. Begriffe wie »präventives Essen« oder »bioaktive Substanzen« werden heute auch von naturwissenschaftlich orientierten Medizinern verwendet, wenn es um die gesundheitsfördernde Wirkung von pflanzlichen Inhaltsstoffen geht.

Trotz dieser Renaissance der Heilpflanzen verbinden viele Menschen die wertvollen Angebote aus der »Apotheke Küche« in erster Linie mit Gesundheitstees oder setzen »gesundes« Essen gleich mit faden Zubereitungsformen. Dass Gesundheit, Genuss und höchste Gourmet-Ansprüche nicht im Widerspruch stehen, zeigt Ihnen dieses Buch: Neben vielen Gesundheitsinformationen bietet es Ihnen Rezepte auf höchstem Niveau der Sterne-Küche. Heilpflanzen, einmal anders interpretiert: Gourmets mit Interesse für medizinische Zusammenhänge kommen hier genauso auf ihre Kosten wie medizinisch Interessierte oder Tätige auf der Suche nach Genuss.

Viel Spaß beim Lesen – und Nachkochen!

Robert M. Bachmann Birgit Kofler-Bettschart

HEILPFLANZEN

VERZEICHNIS DER HEILPFLANZEN

VERZEICHNIS DER GERICHTE

Suppen

Vorspeisen

Zwischengerichte

GERICHTE

HEILPFLANZEN FÜR GENIESSER VON A–Z

GESCHICHTE UND HERKUNFT

> Die Artischocke (Cynara scolymus) zählt zu den ältesten Kulturpflanzen überhaupt und soll ursprünglich aus Äthiopien stammen. Seit Jahrhunderten ist die leicht bitter schmeckende Pflanze auch in Europa bekannt und beliebt. Und das nicht nur als wohlschmeckendes Gemüse, sondern auch als Aphrodisiakum und als besonders wirksame Heilpflanze. Die alten Ägypter bauten die Artischocke wegen ihrer Heilkräfte an, in vielen altägyptischen Darstellungen findet man sie an Opfertischen. Der im zweiten Jahrhundert nach Christi Geburt tätige Arzt und Gelehrte Claudius Galen schrieb dem Sud der Artischocke eine entwässernde Wirkung zu und empfahl sie gegen schlechten Geruch in der Achselhöhle. Ebenfalls bereits seit der Antike liegen Berichte über die verdauungsfördernden Wirkungen der Artischocke vor. Und im Mittelalter waren ihre Blätter ein beliebtes Heilmittel für Leber und Galle.

VORKOMMEN

> In Europa wird die zur Familie der Korbblütler gehörende, ausdauernde krautige Pflanze, die bis zu zwei Meter hoch werden kann und große violette Blütenstände entwickelt, vor allem in Italien, Spanien, Griechenland und Rumänien angebaut, findet sich aber im gesamten Mittelmeergebiet. In den USA werden große Kulturen in Florida angepflanzt. Verbreitet ist die Artischocke auch in Mittel- und Südamerika. Grundsätzlich ist für die erfolgreiche Kultivierung ein mildes Klima Voraussetzung.

VERWENDUNG

> Als Gemüse gegessen werden üblicherweise die unteren Teile der Blütenhüllblätter und der Blütenstandsboden der Pflanze, die der römische Dichter Plinius als die »Nahrung der Reichen« bezeichnete. Für medizinische Zwecke und für Artischockenpräparate werden die Laubblätter genutzt, seltener die Artischockenwurzel und Stängel. Artischockenextrakte spielen in verschiedenen Regionen auch bei der Herstellung von Magenbitter und Likören eine wichtige Rolle.

ARTISCHOCKE

DIE WIRKUNG AUF IHRE GESUNDHEIT

> Das mediterrane Gemüse enthält zahlreiche gesundheitsfördernde Wirkstoffe: Phenolcarbonsäuren, Caffeoylchinasäure, Flavonoide, Bitterstoffe und Gerbstoffe. Das spezielle Wirkstoffgemisch des Artischockenblatts hat sich unter anderem als besonders verdauungsanregend bewährt. Die in der Artischocke vorkommenden Sesquiterpenlactone haben einen ausgeprägten Bitterstoffcharakter. Solche Bitterstoffe sind unter anderem dafür bekannt, den Magen bei seinen Verdauungsfunktionen zu unterstützen.

Dazu kommt noch eine sehr effiziente lipidsenkende Wirkung der Pflanze durch den Bitterstoff Cynarin, der zugleich auch für den leberschützenden Effekt des vielfältigen Gemüses verantwortlich sein dürfte. Die Artischocke als natürlicher »Cholesterinsenker« hat sowohl auf ungünstige Cholesterinwerte (antioxidativer Effekt auf LDL) als auch auf zu hohe Triglyzeridwerte eine positive Wirkung. Damit gilt die Pflanze als sehr effektives vorbeugendes Mittel gegen Arteriosklerose.

Artischocken regen auch die Gallentätigkeit an – die in der Leber produzierte Galle gelangt über den Gallenblasengang und die Gallenblase in den Darm, wo sie vor allem die Fettverdauung unterstützt. Dazu kommt auch eine wohltuende entwässernde und entschlackende Wirkung der Pflanze. Ein hoher Gehalt an Vitamin A unterstützt die gesundheitsfördernde Qualität der bitteren Blätter, die aufgrund ihres hohen Inulingehalts besonders Diabetikern sehr empfohlen werden.

Darüber hinaus sind Artischocken auch reich an Magnesium, einem Mineralstoff also, der einen positiven Effekt auf Blutdruck und Herztätigkeit hat.

1954 konnte erstmals der Wirkstoff Cynarin in reiner Form aus der Artischocke isoliert werden, der vor allem bei Fieber und bei hohen Cholesterinwerten verwendet wurde. Cynarin kommt in der Pflanze nur in geringen Mengen vor und entsteht erst bei der Extraktaufbereitung.

Auf einen Blick

Artischocken

- unterstützen die Verdauung
- schützen die Leber
- regen die Gallentätigkeit an
- normalisieren den Fettstoffwechsel
- wirken günstig auf den Cholesterinspiegel
- sind entwässernd und entschlackend
- senken Blutzucker und Blutdruck
- schützen das Herz

ARTISCHOCKE

ARTISCHOCKE MIT FLUSSKREBSEN UND SCHNITTLAUCHVINAIGRETTE

Zutaten für vier Personen

2 große ausgereifte Artischocken
5 l Wasser
500 ml Rotweinessig
Salz

12 Flusskrebse
Salz

Vinaigrette
2 EL Madeira
2 EL Noilly Prat
4 EL Olivenöl
1 EL Sherry-Essig
1 EL Balsamico-Essig
3 EL Schnittlauch
Salz

ZUBEREITUNG

In einem Topf das Wasser mit dem Rotweinessig zum Kochen bringen und kräftig salzen. Die Artischocken putzen, die Stiele entfernen und im Essigwasser ca. 30 Minuten garen, bis sich die Blätter leicht lösen lassen.

Die Flusskrebse in Salzwasser ca. 2 ½ bis 3 Minuten garen und ausbrechen.

Von den Artischocken die äußersten Blätter ablösen und in Blumenform auf den Teller legen.

Für die Vinaigrette alle Zutaten gut verrühren und mit dem Salz abschmecken.

Die Krebsschwänze und -scheren in die Artischockenblätter legen und die gesamte Artischocke mit Vinaigrette übergießen.

TAUBE IM ARTISCHOCKENBODEN MIT KOHLRABI

ZUBEREITUNG

Die Tauben auslösen und die Haut entfernen.

Für die Petersilienfarce das Geflügelfleisch zerkleinern und mit der Sahne, dem Taubenjus und dem Petersilienpüree mit dem Mixer gut vermischen. Mit Salz und Pfeffer abschmecken.

Kohlrabi schälen und in Würfel schneiden. Mit der Sahne weich kochen. Mit Salz und Pfeffer abschmecken.

Die Artischocken putzen, die Stiele entfernen und in kräftigem Salzwasser mit etwas Rotweinessig ca. 30 Minuten kochen. Kalt stellen. Die Artischockenböden gut abtropfen lassen und die Taubenbrust darauf legen.

Die Taubenbrust mit der Farce bestreichen, bis die gesamte Brust bedeckt ist. Dann die Egerlinge (oder Champignons) in feine Scheiben schneiden und die Farce damit belegen. Die Taubenkeule mit etwas Farce bespritzen.

Bei 140 °C 8 bis 10 Minuten bei kombiniertem Dampf Brust und Keule garen, dann 3 Minuten ruhen lassen.

Die Tauben im Artischockenboden halbieren und mit der Keule und dem Kohlrabi auf den Saucenspiegel setzen.

Zutaten für vier Personen

2 Tauben
4 Artischocken
6 Egerlinge (eventuell auch Champignons)
2 Kohlrabi
Salz

Petersilienfarce

100 g Geflügelfleisch
80 ml Sahne
20 g Petersilienpüree
Salz
Pfeffer aus der Mühle
100 ml Taubenjus

GESCHICHTE UND HERKUNFT

> Die Avocado (Persea gratissima) dürfte ursprünglich aus dem zentralamerikanischen Raum kommen. Die heute verbreiteten Zuchtarten stammen wohl von den beiden Wildarten Persea americana und Persea nubigena ab. Die schmackhafte grüne Frucht soll schon von den Mayas und Azteken als gesundheitsförderndes Nahrungsmittel geschätzt worden sein und war, als die Spanier nach Mittelamerika kamen, von Mexiko bis Peru verbreitet.

Durch die spanischen Eroberer wurde die Pflanze zunächst offenbar nach Venezuela, in die Karibik, nach Chile und auf die Kanaren gebracht. Im 19. Jahrhundert dürfte sie dann eine weitere Verbreitung gefunden haben, unter anderem bis nach Afrika, in den Süden der USA und auch nach Asien, vor allem nach Malaysia und auf die Philippinen. Seit Anfang des 20. Jahrhunderts werden Avocados auch im Mittelmeergebiet angebaut. In Mitteleuropa waren Avocados vor wenigen Jahrzehnten noch ausgesprochene Luxusartikel, inzwischen genießt die gesunde grüne Frucht aber breite Popularität und ist praktisch überall erhältlich.

VORKOMMEN

> Die Avocados, die in unseren Breiten verkauft werden, stammen hauptsächlich aus Anbauländern wie Spanien, Israel, Mexiko, der Dominikanischen Republik, Brasilien, Kenia, Südafrika, Indonesien und den USA. Lange vor der Entdeckung der »Neuen Welt« diente die Frucht schon in Mittelamerika als wichtige Kalorienquelle.

Die bis zu 20 Meter hohen, immergrünen strauchigen Bäume aus der Familie der Lorbeergewächse (Lauraceae) stellen prinzipiell keine hohen Anforderungen an den Boden, brauchen aber besonders viel Licht – mindestens 2000 Stunden Sonnenschein pro Jahr. Damit ist der Anbau in Mitteleuropa natürlich nur sehr eingeschränkt möglich.

VERWENDUNG

> Von der birnenförmigen Frucht mit grüner oder grünschwarzer Schale wird das gelbe Fruchtfleisch verwendet. Die Frucht ist übrigens botanisch gesehen eine Beere und keine Steinfrucht, da der Samen nicht von einer verholzten Fruchtwand eingeschlossen ist, sondern »nackt« im Fruchtfleisch liegt. Die Schale und der Samenkern sind nicht essbar. Eine Avocado sollte bei der Zubereitung nicht übermäßig erhitzt werden, weil das Fruchtfleisch warm recht bitter schmecken kann.

AVOCADO

Aufgrund des neutralen Geschmacks eignet sich die Avocado für süße wie für pikante Gerichte. Sehr beliebt ist die Frucht in Salaten, Suppen oder Dips. Populär ist es auch, das Fruchtfleisch als Brotaufstrich zu verwenden – eine attraktive aber nicht kalorienarme Alternative zu Butter. Aus einem Teil der Früchte wird Öl gewonnen, das zur Herstellung von Hautpflegeprodukten verwendet wird.

DIE WIRKUNG AUF IHRE GESUNDHEIT

> Ein großer Teil der Avocadofette besteht aus den ernährungsphysiologisch gesehen günstigen ungesättigten Fettsäuren, einen hohen Anteil davon hat die Ölsäure. Sie kann hohe LDL-Cholesterinwerte senken helfen und wirkt zugleich auch positiv auf niedriges HDL-Cholesterin, also das »gute« Cholesterin, das bei Fettstoffwechselstörungen oft zu niedrige Werte aufweist.

Avocados haben auch einen hohen Gehalt an verschiedenen B-Vitaminen, darunter vor allem B_6, Pantothensäure, Niacin und Biotin. Die Vitamine aus dem B-Komplex regeln wichtige Abläufe im Stoffwechsel wie den Auf- und Abbau von Kohlehydraten, Eiweißen und Fetten.

Darüber hinaus enthält die grüne Frucht auch andere wertvolle Vitalstoffe, darunter Kalium, Kalzium, Eisen, Vitamin A, Vitamin D und Vitamin E, einen besonders wichtigen Nährstoff für die Gehirntätigkeit. Der hohe Gehalt an Isoleucin, einer Aminosäure, soll die Stressabwehr günstig beeinflussen.

Weil der Zucker- und Stärkegehalt der Frucht niedrig ist, sind Avocados auch für Diabetiker sehr geeignet. Wegen ihres hohen Kaliumgehalts werden Avocados Sportlern oft als regelrechte »Kraftnahrung« empfohlen: Eine Frucht deckt schon die Hälfte des Tagesbedarfs an Kalium. Dieser Mineralstoff ist aber nicht nur für körperlich Aktive empfehlenswert: Eine kaliumreiche Ernährung kann auch zu einer Senkung von Bluthochdruck beitragen.

In der Kosmetik wird vor allem Avocadoöl nicht nur gegen Hautreizungen eingesetzt, sondern auch gegen trockene Haut.

Auf einen Blick

Avocados

- wirken positiv auf den Fettstoffwechsel
- senken den Blutdruck
- stärken Herz und Kreislauf
- unterstützen den gesamten Stoffwechsel
- sind für Diabetiker sehr geeignet
- helfen bei der Stressabwehr
- sind kräftigend für Sportler

AVOCADO

AVOCADOS MIT WACHTELEIERN

Zutaten für vier Personen

4 Avocados
100 ml Rotweinessig
Estragon-Essig
Noilly Prat (reduziert)
12 Wachteleier
4 Radieschen

Für den Rotweincherry
5 g Balsamico-Essig
130 g Rotwein-Essig
5 g Sherry-Essig
90 g Olivenöl
3 g Salz
65 ml Wasser
3 g Noilly Prat (reduziert)

ZUBEREITUNG

Avocados schälen und halbieren. Danach entkernen und in Würfel schneiden. Für den Rotweincherry alle Zutaten gut vermischen.

Die Avocadowürfel im Rotweindressing marinieren, leicht erwärmen und mit Estragonessig, Salz sowie dem reduzierten Noilly Prat abschmecken.

Die Wachteleier 2 ½ Minuten kochen, in Eiswasser abschrecken und schälen.

Die Avocadowürfel jeweils mit drei Wachteleiern dekorieren. Radieschen in kleine Stifte schneiden. Die Avocadowürfel und die Wachteleier an drei Avocadospalten sowie der Radieschenjulienne anrichten.

GESCHICHTE UND HERKUNFT

> Der Bärlauch (Allium ursinum) gehört zu den Lauchgewächsen und stammt ursprünglich aus West- und Mitteleuropa. In den USA verwendet man den verwandten Wilden Lauch (Allium tricoccum) zu ähnlichen Zwecken wie hierzulande den Bärlauch. Volkstümliche Namen wie Waldknoblauch oder wilder Knoblauch weisen auf die geschmackliche, aber auch gesundheitsfördernde Nähe der Pflanze zum Knoblauch hin.

Der Name Bärlauch stammt wohl aus der Zeit, als in unseren Breiten Braunbären noch verbreitet waren. Die Bären würden, so ein alter Aberglaube, verschiedenen Pflanzen ihre Kräfte verleihen, darunter eben auch dem Bärlauch. Durch den Verzehr solcher magischen Pflanzen könnten sich dann die Menschen ebenfalls die Kräfte der starken Tiere aneignen. Eine andere Überlieferung ging davon aus, dass Bärlauch, am Vorabend der Walpurgisnacht genossen, ähnlich wie Knoblauch vor Hexen, Teufeln und Vampiren schützen könne.

Darüber hinaus wurden dem Bärlauch aber auch in vielen Ländern ebensolche aphrodisierenden Eigenschaften zugeschrieben wie dem Knoblauch oder der Zwiebel.

VORKOMMEN

> Bärlauch wächst wild in den Auen und Flusswäldern von West- und Mitteleuropa, aber auch darüber hinaus bis nach Kleinasien, den Kaukasus und Sibirien und in einigen Gegenden des Mittelmeerraumes. Die Pflanze, die zu den Liliengewächsen gehört, lässt sich kaum kultivieren. Bärlauch wächst wild besonders gut in Wäldern mit humusreichem Boden und an schattigen, feuchten Standorten. In Laubwäldern und Auwäldern kommt er oft in großer Menge vor. Die Erntezeit der jungen, langstieligen Blätter fällt in die Zeit von März bis Mitte Juni. Eine gewisse Vorsicht ist beim Sammeln der Bärlauchblätter in freier Natur angebracht, denn sie ähneln sehr den Blättern des giftigen Maiglöckchens. Das hilfreichste Unterscheidungsmerkmal ist der Geruch: Wird Bärlauch zwischen den Fingern gerieben, riecht er, im Gegensatz zum Maiglöckchen, sehr ähnlich wie Knoblauch. Auch die Blätter der giftigen Herbstzeitlose können dem Bärlauchgrün ähneln. Vorsicht: Das Blatt der Herbstzeitlose hat keinen Stiel und riecht nicht.

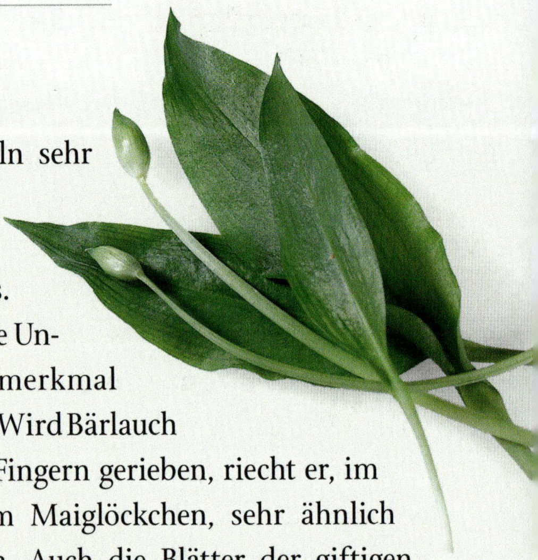

BÄRLAUCH

VERWENDUNG

> Verwendet werden – sowohl für die Küche als auch für medizinische Zwecke – die jungen Blätter des 20 bis 50 Zentimeter hohen Zwiebelgewächses mit seinen weißen Blüten. Die Zwiebel ist wesentlich kleiner als beim Knoblauch und wird nur selten für kulinarische Zwecke eingesetzt. Die Blätter werden im Frühjahr gesammelt und sind roh ein sehr wohlschmeckender Bestandteil von Käseaufstrichen, Suppen, Salaten, Pesto oder Saucen. Beim Trocknen verlieren sie den größten Teil ihres Aromas und sollten daher möglichst frisch verwendet werden.

Als Gemüse gekocht, schmeckt der Bärlauch milder und weniger scharf. Empfindliche Gaumen ziehen daher oft Suppen und Saucen aus Bärlauch dem rohen Kraut vor.

DIE WIRKUNG AUF IHRE GESUNDHEIT

> Ähnlich wie beim Knoblauch findet man auch im Bärlauch eine große Anzahl verschiedener Schwefelverbindungen im ätherischen Öl. Wichtige weitere Vitalstoffe sind Flavonoide, Fructosane und reichlich Vitamin C sowie Magnesium, Mangan und Eisen. In der Volksmedizin gilt Bärlauch ebenso wie Knoblauch als bewährtes Mittel gegen Arteriosklerose, Bluthochdruck und Verdauungsprobleme. Die schwefelartigen Senföle hemmen auch das Wachstum schädlicher Bakterien und wirken desinfizierend.

Bei Beschwerden der Atemwege, etwa Bronchitis, kann Bärlauch schleimlösend wirken.

Obwohl der zugrunde liegende Mechanismus noch nicht geklärt ist, zeigte sich in Untersuchungen und Beobachtungen auch eine positive Wirkung von Bärlauch auf Herzrhythmusstörungen und insgesamt auf die Herzfunktion.

Das in den Blättern der Pflanze in großer Menge enthaltene Vitamin C kann nicht nur das Immunsystem stärken und Erkältungen vorbeugen. Dieses Allround-Vitamin bewahrt auch andere Vitalstoffe vor der Zerstörung und unterstützt die weißen Blutkörperchen und die Lymphozyten, die Abwehrspezialisten im Körper. Die Flavonoide wirken unter anderem entzündungshemmend.

Auf einen Blick

Bärlauch

- regt die Verdauung an
- senkt den Blutdruck
- hemmt Bakterien
- wirkt blutreinigend
- hemmt Entzündungen
- stärkt das Herz
- unterstützt das Immunsystem

BÄRLAUCH

POCHIERTES LAMMFILET MIT BÄRLAUCHVINAIGRETTE

Zutaten für vier Personen

4 Lammfilets
8 Kirschtomaten
2 Karotten
ein Hand voll Pfifferlinge (ca. 100 g)
2 Steinpilze (gebraten)
einige Spinatblätter
Brokkoliröschen
15 Bärlauchblätter
1 EL Balsamico-Essig
1 EL Estragon-Essig
1 EL Olivenöl
1 EL Walnussöl
Salz
Pfeffer

ZUBEREITUNG

Das Gemüse putzen und in kochendem Salzwasser garen. Das Lammfilet würzen und im Wasserbad bei 60 °C garen.

Den Bärlauch waschen, zupfen und klein schneiden. Aus Essig und Öl eine Vinaigrette herstellen und mit einem Teil des Bärlauchs, Salz und Pfeffer vermischen.

Das gegarte Lammfilet im restlichen Bärlauch wälzen.

Das Gemüse auf einem Teller schön anrichten. Das geschnittene Lammfilet darauf legen und mit der Vinaigrette beträufeln

GESCHICHTE UND HERKUNFT

> Basilikum (Ocimum basilicum), eine Pflanze aus der Familie der Lippenblütengewächse, dürfte ursprünglich aus Indien stammen, wo es als heiliges Kraut galt. Von dort hat sich das populäre Gewürz rasch verbreitet. Schon seit dem Altertum war es als belebendes Kraut ebenso beliebt wie als Heilpflanze, zum Beispiel, um den Biss giftiger Tiere zu kurieren.

Die Bezeichnung Basilikum leitet sich vom griechischen Wort für König ab – das zeigt die große Wertschätzung, die dem Gewürz bereits im alten Griechenland entgegengebracht wurde. In Mitteleuropa dürfte Basilikum seit dem 12. Jahrhundert kultiviert worden sein, in kaum einem der großen Kräuterbücher aus der Zeit des 16. bis 18. Jahrhunderts fehlt ein Hinweis auf seine vielfältigen gesundheitsfördernden Wirkungen.

Wie viele andere besonders aromatische Gewürzpflanzen stand auch das Basilikum im Altertum und vielfach noch im Mittelalter im Ruf, über magische und antidämonische Eigenschaften zu verfügen. Darauf bezog sich wohl auch die Mystikerin und Ordensfrau Hildegard von Bingen, wenn sie Basilikum als Kur gegen Störungen oder Verlust des Sprachvermögens empfahl, Beschwerden, die sie auf die Einwirkung von Dämonen zurückführte.

In alten Kulturen, aber auch heute noch im Voodoo, verband und verbindet man das aromatische Gewürz auch mit Leidenschaft und Fruchtbarkeit und sagt ihm aphrodisiakische Wirkung nach. So war Basilikum, wie andere aromatische Kräuter, im antiken Griechenland der Liebesgöttin Aphrodite geweiht. Auch Plinius empfahl es seiner anregenden Wirkung wegen als liebesförderndes Kraut.

VORKOMMEN

> Die 20 bis 40 Zentimeter hohe Pflanze, die frostempfindlich und recht wärmebedürftig ist, hat heute weltweite Verbreitung. Sie benötigt einen sonnigen, geschützten Standort, einen durchlässigen, humosen Boden und viel Wasser. Auch nördlich der Alpen ist das beliebte Gewürz in Gärten und Kulturen zu finden und wird auch gerne als Balkonpflanze angepflanzt.

BASILIKUM

VERWENDUNG

> Verwendet werden die Blätter der einjährigen, krautig-buschigen Pflanze, die besonders aromatisch schmeckt. Beliebt ist sie vor allem in der italienischen und französischen Küche, wo von Tomatensaucen, Pesto, der »Soupe de pistou« über gebratenes Fleisch bis hin zu Omelettes und Salaten zahlreiche Gerichte mit dem Gewürz verfeinert werden. Reisgerichte, Fischspeisen oder Salate bekommen mit ein wenig Basilikum ein köstliches mediterranes Flair. Und die klassische italienische Vorspeise »Caprese«, Büffelmozzarella mit Tomatenscheiben, wäre ohne Basilikum nur halb so interessant. Verbreitet sind auch traditionelle Gewürzweinrezepte mit Basilikum, die zum Beispiel gegen Appetitlosigkeit oder Schlafstörungen wirken sollen.

DIE WIRKUNG AUF IHRE GESUNDHEIT

> Neben ätherischen Ölen, vor allem Estragol und Linolol, enthält Basilikum auch viele Gerbstoffe und Flavonoide. Diese spezielle Wirkstoffmischung ist unter anderem für die antibakterielle, krampflösende, verdauungsfördernde und entwässernde Wirkung des Gewürzkrauts verantwortlich. Es hilft bei Appetitlosigkeit, Verdauungsbeschwerden, aber auch bei Unruhe und Schlafstörungen.

Auf einen Blick

Basilikum

- regt den Appetit an
- beruhigt den Magen
- unterstützt die Entwässerung und Entschlackung
- wirkt viren- und bakterienhemmend
- fördert die Verdauung
- wirkt beruhigend und schlaffördernd

BASILIKUM

AUBERGINENLASAGNE MIT BASILIKUMSAUCE

Zutaten für vier Personen

Nudelteig:
250 g Mehl
50 g Grieß
3 Eier
3 EL Olivenöl
1 TL Salz
1 EL Wasser

1 Aubergine
4 Tomaten
1 Zucchino
Öl

Sauce
100 ml Geflügelfond
3 EL gehackter Basilikum
2 EL Butter
1 TL reduzierter Weißwein
1/2 TL Zitronensaft
125 ml Crème double
Salz
Pfeffer

ZUBEREITUNG

Für den Nudelteig alle Zutaten gut verrühren, in eine Klarsichtfolie einpacken und 1 Stunde ruhen lassen. Anschließend hauchdünn auf der Nudelmaschine ausrollen und in 8 x 10 cm große Blätter schneiden. In Salzwasser mit Öl al dente kochen. Herausnehmen und auf einem Tuch abtropfen lassen.

Basilikum waschen, fein hacken und in die weich gerührte Butter mischen. Den Geflügelfond reduzieren, mit der Crème double aufkochen und die Basilikum-Buttermischung einrühren. Mit Weißwein, Zitronensaft, Salz und Pfeffer abschmecken, passieren und mit dem Mixstab aufschäumen.

Die Auberginen und den Zucchino waschen und in dünne Scheiben schneiden. Die Tomaten kreuzweise einschneiden, blanchieren und danach in Eiswasser geben, Haut abziehen und entkernen. Das Gemüse salzen und pfeffern und in eine Grillpfanne geben. Auf beiden Seiten goldgelb anbraten und auf vorgewärmte Teller legen. Das Nudelblatt darauf geben und mit der aufgeschäumten Sauce übergießen.

GESCHICHTE UND HERKUNFT

> Die Brennnessel (Urtica dioica) war bereits im Altertum bekannt und spielte seither auch immer eine wichtige Rolle als Heilpflanze für körperliches und seelisches Wohlbefinden. Der römische Dichter Catull lobte die Pflanze, weil sie Erkältungen heile. Dioskurides, ein griechischer Arzt im ersten Jahrhundert unserer Zeitrechnung, beschrieb die kräftigende und blutreinigende Wirkung der Brennnessel und empfahl darüber hinaus auch ihre entwässernde, verdauungsregulierende und blutungshemmende Wirkung. Paracelsus befürwortete Zubereitungen aus der Brennnessel bei Gelbsucht, und Hildegard von Bingen schätzte unter anderem die »magenreinigende« Wirkung der Pflanze.

Auch als Aphrodisiakum wurde die Pflanze immer wieder erwähnt: So etwa bei Ovid in seiner »Ars amatoria« oder beim französischen Dichter François Rabelais, der die Brennnessel als Stimulans beschrieb.

VORKOMMEN

> Verbreitet ist die Brennnessel, die bis zu 150 cm hoch werden kann, heute in den gemäßigten Zonen Europas, Asiens und Nordamerikas. Sie wächst vor allem an schattigen Plätzen, entlang von Mauern und Zäunen, inner- und außerhalb von Gärten oder an Fluss- und Bachufern.

VERWENDUNG

> Verwendet werden – je nach Einsatz in der Küche oder in der Medizin – das frische oder getrocknete Brennnesselkraut, die Brennnesselblätter oder die Wurzeln. Für den kulinarischen Gebrauch können frische Brennnesselblätter – häufig gemeinsam mit Löwenzahn – zu interessanten Salaten, aber auch schmackhaften Suppen verarbeitet werden. Die feinen Brennnesselhaare enthalten viel Histamin. Dieses ist es auch, das bei Berührung gemeinsam mit freigesetzter Ameisensäure für das Brennen, das der Pflanze den Namen gab, und die lästigen Quaddeln auf der Haut sorgt. Werden Brennnesseln für die Küche verwendet, so lässt sich diese unangenehme Wirkung dadurch vermeiden, dass man sie mit Öl beträufelt, trocknet oder kocht: Das vertreibt die brennende Kraft der Blätter.

BRENNNESSEL

DIE WIRKUNG AUF IHRE GESUNDHEIT

> Brennnesselblätter enthalten besonders viele Mineralstoffe, darunter Kalzium, Kaliumsalze und Kieselerde. Weitere wichtige Inhaltsstoffe sind sekundäre Pflanzenstoffe wie Flanovoide und Chlorophylle, die blutzuckersenkenden Glukokinine, Karotinoide und die Vitamine B_2, C und E. Durch seinen recht hohen Gehalt an Vitamin A fördert Brennnesselsaft die Vermehrung von roten Blutkörperchen.

Die Brennnessel wird in der Phytotherapie vielfältig verwendet. Präparate aus dem Extrakt der Wurzel oder der Blätter werden etwa bei Patienten mit Prostatavergrößerung erfolgreich eingesetzt, wobei die Beschwerden gelindert werden, nicht aber die Vergrößerung selbst sich bessert. Spezielle Zubereitungen aus Brennnesselkraut und Brennnesselblättern dienen zur unterstützenden Behandlung rheumatischer Beschwerden. Empfohlen werden sie auch zur Durchspülung bei entzündlichen Erkrankungen der Harnwege und zur Vorbeugung von Nierengrieß. Brennnesselblätter und -kraut sind aber auch ein beliebter Bestandteil von Teemischungen gegen Galle- und Leberbeschwerden. In der Volksmedizin gelten Brennnesselblätter als Tonikum, das die Aktivität aller wichtigen Lebensvorgänge steigern soll und das Immunsystem unterstützt.

Auf einen Blick

Brennnesseln

- unterstützen das Immunsystem
- können aktivitätssteigernd wirken
- lindern Prostatabeschwerden
- helfen Rheumabeschwerden lindern
- sind durchspülend und entwässernd
- wirken galle- und leberunterstützend
- fördern die Bildung von roten Blutkörperchen

BRENNNESSEL

LACHS IN BRENNNESSELGELEE

Zutaten für vier Personen

4 Lachsfilets à 70 g
Räuchermehl
4 Wacholderbeeren
Senf
Zitrone
1–2 Karotten

Gelee

400 ml leichter Fischfond
1 Bund Brennnessel (ca. 150 g)
8 Blatt Gelatine
Salz
Zitrone
Weißwein

ZUBEREITUNG

Das Räuchermehl mit Wacholder im Räuchertopf mit Deckel erhitzen. Den Lachs mit Salz würzen und ca. 10 Minuten langsam über dem Räuchermehl und dem Wacholder räuchern.

Die Karotten schälen und in dünne Streifen schneiden. In Salzwasser weich kochen und auskühlen lassen.

Den Fischfond leicht erwärmen und die Brennnesseln darin ziehen lassen. Die Gelatine einweichen und dann in den Fischfond einrühren. Mit Zitronensaft, Weißwein und Salz leicht säuerlich abschmecken.

Den geräucherten Lachs auskühlen lassen und mit dem Brennnesselgelee auf dem Teller anrichten. Mit Brennnesselblättern und Karottenjulienne garnieren.

DINKELMAULTASCHEN MIT BRENNNESSELN, PFIFFERLINGEN UND GIE

ZUBEREITUNG

Für den Nudelteig alle Zutaten gut mischen und kneten. Mindestens eine halbe Stunde kalt stellen.

Die Schalotten in kleine Würfel schneiden und in etwas Butter sautieren. Danach die Brennnesseln dazugeben, andünsten und würzen. Die Schalotten-Brennnessel-Mischung kalt stellen.

Die Pfifferlinge putzen, waschen und gut abtropfen lassen.

Die Kartoffeln ca. 20 Minuten weich kochen, schälen, durch die Kartoffelpresse drücken und glatt rühren. Die mit den Schalotten gedünsteten Brennnesselblätter darunter rühren und mit Nussbutter – also Butter, die man durch Erhitzen langsam braun werden lässt – und Salz abschmecken.

Den Nudelteig auf der Nudelmaschine dünn ausrollen und mit einem Löffel die gewünschte Menge an Füllung darauf legen. Außen mit Ei bestreichen, mit einem anderen Nudelblatt abdecken und an den Rändern fest zusammen drücken. Mit einem Förmchen den Rand ausstechen.

Die Pfifferlinge in Butter sautieren und würzen.

Die Maultaschen in Salzwasser kochen. Für die Giebutter die Sauerrahmbutter auskochen und 2 Stunden langsam auf dem Herd ziehen lassen. Die Maultaschen in der Giebutter schwenken. Mit den Pfifferlingen anrichten.

Zutaten für vier Personen

Nudelteig
280 g Dinkelmehl
50 g Hartweizengrieß
3 Eier
20 ml Olivenöl
10 g Salz
1 EL Wasser

200 g Pfifferlinge
200 g Brennnesselblätter
2 Schalotten
150 g Kartoffeln
Salz
Pfeffer
Butter
1 Ei

Gie (Butterschmalz)
300 g Sauerrahmbutter

GESCHICHTE UND HERKUNFT

> Die Brombeere (Rubus fructiosus) gehört zur selben Familie wie Himbeere und Erdbeere und wächst an dornigen Ranken. Archäologische Ausgrabungen haben gezeigt, dass schon in der Jungsteinzeit, also etwa im 9. Jahrtausend vor unserer Zeitrechnung, Brombeeren zu den wichtigen Nahrungsmitteln der Menschen gehörten.

Zur Zeit von Hippokrates, etwa 400 vor Christus, fanden die über ganz Europa verbreiteten wilden Brombeersträucher dann auch in der Medizin Verwendung. Die Römer und Griechen schätzten sie als Heilpflanze, unter anderem gegen Schlangenbisse und Skorpionstiche. Zu dieser Zeit soll es auch populär gewesen sein, Brombeerblätter zur Kräftigung des Zahnfleischs zu kauen und sie zur Blutstillung einzusetzen. Das sind übrigens Anwendungen, die auch in den Kräuterbüchern des Mittelalters genannt werden.

Es dauerte dann aber noch einige Zeit, bis die Beere aus dem Wald eine Gartenbeere wurde. Erst Mitte des 19. Jahrhunderts hielten Brombeeren Einzug in die europäischen Obstgärten und wurden dann auch in größerem Umfang kultiviert.

Ein alter Brauch in unseren Breiten setzt in ganz besonderer Weise auf die Heilkräfte des bis zu drei Meter hohen Strauchs: Wer unter einem Brombeerstrauch hindurchkroch, so eine alte Überlieferung, der streifte damit seine Krankheiten ab.

VORKOMMEN

> Brombeeren gehören zur Familie der Rosengewächse und sind überall in Europa heimisch. Sie sind aber auch in Nord- und Südamerika und Australien zu finden. Allein in Europa gibt es mehr als hundert bekannte Arten des Strauchs. Sie wachsen bevorzugt an Hecken, Schlägen, Hügeln und Waldrändern. Vor allem weil inzwischen immer mehr stachellose Sorten angeboten werden, sind sie heute erntefreundlicher geworden und dadurch auch im Hausgarten wieder gefragter. Bevorzugt wird vom Brombeerstrauch ein sonnig bis halbschattiger Platz sowie kalk- und stickstoffreicher Boden. Er gedeiht auch auf humusarmem felsigen Untergrund.

BROMBEERE

VERWENDUNG

> Sowohl die vitaminreichen Früchte als auch die Blätter können in der Küche verwendet werden. Die Früchte schmecken frisch vom Strauch besonders gut. Aber auch als Marmelade, Gelee, Saft, aufgesetzter Likör oder Kompott sind sie eine beliebte Delikatesse, ebenso wie als feine Beerensauce zu Quark- oder Eisdesserts.

Die Blätter, bevorzugt die jungen, zarten Triebspitzen, werden gern allein oder mit anderen Kräutern zu Tee verarbeitet, der heiß und kalt getrunken werden kann und sehr erfrischend schmeckt. Sie können auch fermentiert werden und ergeben dann einen Tee, der im Geschmack schwarzem Tee sehr ähnlich ist.

DIE WIRKUNG AUF IHRE GESUNDHEIT

> Brombeeren sind reich an Vitaminen und Mineralstoffen. Sie enthalten viel Kalzium, mehr als alle anderen Beerensorten, und sind reich an Kalium, Magnesium, Kupfer, Betakarotin und Vitamin C. Außerdem liefern sie Ballaststoffe, die für eine gute Verdauung und Sättigung unentbehrlich sind. Zusätzlich sind sie sehr reich an Flavonoiden, die unter anderem immunstimulierend wirken. Der Anteil an Bioflavonoiden ist im Fruchtfleisch etwa zehn mal höher als im gepressten Saft. Die Bioflavonoide schützen das Vitamin C und auch das Stresshormon Adrenalin vor Oxidation. Außerdem sind sie in der Lage, Kupfer zu binden. Erhöhte Konzentrationen an Kupfer können zu nervöser Unruhe führen. Das in Brombeeren reichlich enthaltene Pektin gilt als allgemein kräftigend, entschlackend und damit auch blutdrucksenkend. Insgesamt kräftigen die Nährstoffe der Brombeeren das Bindegewebe und die Gefäßwände.

Auch die getrockneten Brombeerblätter sind in der Naturheilkunde beliebt. Aufgrund des Gehaltes an Gerbstoffen und organischen Säuren werden sie bei der Behandlung leichter Darmerkrankungen und leichten Entzündungen im Bereich der Mund- und Rachenschleimhaut eingesetzt. Sie wirken entzündungshemmend und blutzuckersenkend. Aufgrund ihrer Fähigkeit, hormonell ausgleichend zu wirken, haben die Brombeerblätter traditionell auch einen festen Platz in der Geburtshilfe.

Auf einen Blick

Brombeeren

- stärken das Abwehrsystem
- regulieren die Verdauung
- wirken gegen Entzündungen
- wirken bei Stress beruhigend
- sind entschlackend und blutdrucksenkend
- kräftigen das Bindegewebe
- wirken günstig auf den Blutzuckerspiegel

BROMBEERE

BROMBEEREN MIT EIGENEM EIS

Zutaten für vier Personen

500 ml Sahne
500 ml Brombeermark
200 ml Zucker
12 Eigelb
6 cl Brombeergeist

Brombeersauce
200 g Brombeeren
1 EL Zucker
1 Zitrone (Saft)
Joghurt

ZUBEREITUNG

Zucker und Eigelb schaumig schlagen, unter ständigem Rühren die aufgekochte Sahne dazugeben. Die Masse langsam mit einem Holzlöffel rühren, bis sie anfängt zu stocken. Wenn die Masse den Rücken des Holzlöffels überzieht und man darauf bläst, muss eine Rose entstehen (»zur Rose abziehen«). Brombeermark und Brombeergeist zugeben und auf Eis kalt rühren. In der Eismaschine oder im Gefrierfach frieren.

Für die Sauce Brombeeren, Zucker und Zitronensaft gut mixen und durchsieben.

Die Sauce auf einen Teller geben und mit Joghurt verzieren. Das Brombeereis darauf anrichten und mit Minze und frischen Brombeeren verzieren.

GESCHICHTE UND HERKUNFT

> Buchweizen (Fagopyrum esculentum) wird zwar oft als Getreide bezeichnet, zählt allerdings nicht zu den Gräserpflanzen. Wie Sauerampfer, Knöterich oder Rhabarber gehört er zu den Knöterichgewächsen, den Polygonaceae. Mit den Mongolen dürfte der Buchweizen im 14. Jahrhundert aus seiner zentralasiatischen Heimat nach Mitteleuropa gekommen sein. Im Jahre 1396 erscheint er zum ersten Mal in einer Nürnberger Chronik. In der Zeit seiner Einführung in unseren Breiten war Buchweizen vor allem als Nahrungspflanze wichtig. Grundbesitzer erlaubten den armen Bauern in vielen Gegenden, nach der Gersten- oder Weizenernte Buchweizen als Zweitfrucht im selben Jahr zu säen. So entwickelte sich der Buchweizen nicht nur zu einem wichtigen Grundnahrungsmittel, es blieben auch die Felder frei von Unkraut, denn der Buchweizen unterdrückt andere Pflanzen durch sein schnelles Wachstum und vermutlich auch durch spezielle Wurzelausscheidungen.

Ab dem 16. Jahrhundert wurde die populäre Pflanze dann auch in der Schweiz, in Holland, in Frankreich und England angebaut. Mit deutschen und holländischen Auswanderern kam der Buchweizen nach Amerika. In China, Japan und Russland ist er heute noch ein wichtiges Grundnahrungsmittel.

Vor allem weil im 18. Jahrhundert der Anbau der Kartoffel stark zunahm, ging die Bedeutung des Buchweizens als Nahrungslieferant deutlich zurück. Obwohl der Anbau von Buchweizen viele Vorteile hat, ist er in allen traditionellen Buchweizengegenden heute deutlich rückläufig oder sogar schon aufgegeben worden. Aber schon aufgrund ihrer gesundheitsfördernden Eigenschaften gewinnt die Pflanze neuerdings wieder an Beliebtheit.

VORKOMMEN

> Buchweizen weist deutlich die Merkmale einer Wildpflanze auf und wird heute noch in Asien, Russland, Nordamerika, Mittel- und Westeuropa angebaut. Er ist anspruchslos und raschwüchsig und gedeiht auch auf armen sandigen Böden – mit ein Grund für seine weite Verbreitung, bevor die Kartoffel die Rolle des Grundnahrungsmittels übernahm.

BUCHWEIZEN

VERWENDUNG

> Neben seiner Rolle als Lieferant von Samen, aus denen Buchweizenmehl hergestellt wird, ist Buchweizen eine gute Honigpflanze. Er sollte schnell verbraucht werden, da sein Fett rasch ranzig wird. Er findet auch als Tierfutter Verwendung, aber nur als Zumischung zu anderen Futtermitteln.

DIE WIRKUNG AUF IHRE GESUNDHEIT

> Buchweizen zeichnet sich durch einen hohen Vitamin- und Mineralstoffgehalt aus und enthält außerdem reichlich Kupfer und ungesättigte Fettsäuren. Das Buchweizenkraut enthält Flavonoide und Fagopyrin. Vor allem wegen des Flavonoidgehalts empfiehlt es sich bei Venenleiden.

Die Samen sind ebenfalls reich an Flavonoiden wie Quercetin und Rutin. Rutin ist unter anderem dafür bekannt, die Blutplättchen am Verklumpen zu hindern und zum Abbau der »gefährlichen« LDL-Cholesterinanteile beizutragen, womit es einen wichtigen Beitrag zur Vorbeugung von Arteriosklerose leistet. Außerdem stärken die Flavonoide die Blutgefäße und regulieren Wasseransammlungen im Körper. Damit wirkt Buchweizen auch günstig auf einen hohen Blutdruck. Buchweizensamen sind auch besonders reich an den lebenswichtigen Eiweißbausteinen Lysin und Tryptophan und liefern viel Lecithin. Lysin und Lecithin sind wichtige Gehirn- und Nervennahrung und sollen die Lernfähigkeit verbessern helfen. Tryptophan sorgt für guten Schlaf. Weil die Kohlehydrate des Buchweizen besonders langsam verdaut werden, beeinflusst er auch den Blutzuckerspiegel günstig, was zuletzt auch einige Studien gezeigt haben. Buchweizengrütze gilt traditionell als gutes Kräftigungsmittel. Da Buchweizen glutenfrei ist, kann er als Diätnahrung bei Zöliakie verwendet werden.

Auf einen Blick

Buchweizen

- verbessert die Durchblutung
- senkt den Cholesterinspiegel
- wirkt entwässernd und entschlackend
- kann bei Stress beruhigend wirken
- fördert die Lernfähigkeit
- wirkt günstig auf den Blutzuckerspiegel
- wirkt thrombosehemmend als Venenmittel
- sorgt für einen guten Schlaf
- senkt den Blutdruck

BUCHWEIZEN

BUCHWEIZENBLINIS MIT TOFUSCHAUM, BUCHWEIZEN UND RÄUCHERAAL

Zutaten für vier Personen

Blinis
55 g Hefe
500 ml Milch
200 g Buchweizenmehl
4 Eier
50 g Butter
Salz
3 EL Schlagsahne
1/2 Bund Schnittlauch

Räucheraal
Buchweizen
100 g Ketakaviar

Tofuschaum
120 g Tofu
100 ml Milch
Salz
1 Zitrone

ZUBEREITUNG

Für die Blinis die Milch erhitzen und die Hefe darin auflösen. Die restlichen Zutaten dazugeben. Die Blinimasse in eine Ringform geben und beidseitig ausbacken.

Für den Tofuschaum den Tofu mit der Milch aufmixen und danach mit Salz und Zitrone abschmecken.

Die Blinis auf einen vorgewärmten Teller legen und mit Buchweizen, Tofuschaum, Schnittlauch, Ketakaviar und Räucheraal garnieren.

GESCHICHTE UND HERKUNFT

> Der Dinkel (Triticum spelta) ist ein Getreide, das der Mensch schon früh kennen und zu kultivieren lernte und das im alten Ägypten bereits ebenso bekannt gewesen sein dürfte wie in unseren Breiten bei den Kelten. Die Ordensfrau Hildegard von Bingen lobte nicht nur die blutreinigende Wirkung von Dinkel, sie schrieb ihm auch stimmungsaufhellende Eigenschaften zu. So schreibt die deutsche Mystikerin des 12. Jahrhunderts in ihrem Werk »Naturkunde« (Physika): »Das wichtigste Getreide ist das Urgetreide, der Dinkel. Seine Wirkungsweise auf den Menschen grenzt an das Wunderbare, so dass man meinen könnte, es sei etwas Geheimnisvolles in ihm verborgen. Die Vitalisierung durch Dinkel erstreckt sich auf den gesamten Organismus und eröffnet die Möglichkeit zur Heilung und Regeneration.«

Dinkel dürfte vom Mittelalter an bis ins 19. Jahrhundert eine sehr wichtige Rolle als Brotgetreide gespielt haben, verlor dann allerdings zunehmend an Bedeutung. Ortsnamen wie Dinkelsbühl oder Dinkelhausen zeugen noch heute von der früheren Bedeutung dieses Getreides. Weizen kam erst später aus dem asiatischen Raum nach Europa. Doch weil er sich als viel ertragreicher erwies, hat er im Laufe der Zeit den Dinkel verdrängt. Heute allerdings gewinnen Dinkelprodukte im Rahmen einer vollwertorientierten Ernährung wieder zunehmend an Bedeutung.

VORKOMMEN

> Dinkel ist eine genügsame Pflanze, die auch auf steinigen Böden und in sehr hohen Lagen gedeiht und deren Ertrag durch Düngung kaum gesteigert werden kann. Daher ist er auch weniger mit Umweltgiften belastet als andere Getreidearten. In jüngerer Zeit erlebt Dinkel durch die Rückbesinnung auf ökologische Ernährung eine Renaissance. Dinkelmehl und -brot sind wieder verbreitet anzutreffen und erfreuen sich unter gesundheitsbewussten Konsumenten zunehmender Beliebtheit.

VERWENDUNG

> Dinkel ist ein dem Weizen verwandtes Getreide. Das Korn bleibt beim Dreschen von den Spelzen fest umschlossen, sie müssen in einem separaten Prozess entfernt werden. Dinkel weist einen sehr hohen Gehalt an Klebereiweiß auf und wird daher gerne bei der Produktion von Feinbackwaren

DINKEL

verwendet. Weil er einen vergleichsweise geringen Ernteertrag hat, ist der Dinkel allerdings teurer als andere Getreidearten.

Nicht nur seine gesundheitsfördernden Eigenschaften, auch seine kulinarischen Qualitäten machen den Dinkel heute wieder so populär. Er ist als Weiß- oder Graumehl ebenso verwendbar wie als aromatisches Korn für Dinkelreis oder für Müslis. Aufläufe, Suppen, Bratlinge, Klöße, Nudeln oder Pfannkuchen aus Dinkel sind beliebte Delikatessen.

Pfarrer Kneipp hatte zu seiner Zeit noch eine weitere Verwendungsmöglichkeit entdeckt: Er benutzte Dinkel als Kaffee-Ersatz, indem er ihn röstete.

Auch der vom Korn abgetrennte Spelz ist kein Abfallprodukt: Als Kissenfüllung gilt er schon seit Hildegard von Bingens Zeiten als probates Mittel zur Schmerzlinderung und Entspannung.

DIE WIRKUNG AUF IHRE GESUNDHEIT

> Der Anteil an Mineralstoffen wie Eisen, Magnesium, Phosphor und Kalzium ist beim Dinkel höher als bei den meisten Getreidearten. Dazu kommen hohe Vitaminanteile, insbesondere an den Vitaminen A, E und B. Besonders die B-Vitamine sind wichtig für die Steuerung des gesamten Stoffwechsels und das Wachstum der Zellen.

Dinkel enthält viel wertvolles Eiweiß mit allen essenziellen Aminosäuren wie Phenylalanin und Trytophan, wichtigen Stoffe für die Nerven. Nennenswert ist auch sein hoher Gehalt an Kieselsäure, die sich positiv auf Denkvermögen und Konzentration sowie die Gesundheit von Haut und Haaren auswirkt. Auch das Fett im Dinkel wirkt nervenstärkend, weil es die Myelinscheiden kräftigt, in die die Nerven eingebettet sind. Die mehrfach ungesättigten Fettsäuren wirken sich in vielfältiger Weise positiv auf die Gesundheit aus.

Durch seine große Wasserlöslichkeit werden die vitalen Inhaltsstoffe des Dinkels ohne belastende Arbeit von Magen und Darm vom Körper aufgenommen. Daher wird das vielfältige Getreide auch von magenempfindlichen Menschen gut vertragen. Dinkel liefert zudem viele Ballaststoffe, die nicht nur die Verdauung anregen, sondern auch günstig auf gestörte Blutfettwerte wirken. Denn sie binden im Darm Gallensäure und entziehen so dem Körper auf natürliche Weise Cholesterin.

Auf einen Blick

Dinkel

- unterstützt den gesamten Stoffwechsel
- schützt die Nerven
- unterstützt die Konzentration
- fördert die Verdauung
- wirkt günstig auf die Blutfettwerte

DINKEL

KANINCHEN IM DINKELMANTEL MIT DÖRRPFLAUMEN UND INGWERSAUCE

Zutaten für vier Personen

2 Kaninchen
12 Dörrpflaumen

Teigmantel
250 g Dinkelmehl
50 g Hartweizengrieß
3 Eier
20 ml Olivenöl
10 g Salz

Farce
100 g Geflügelfleisch
1 Ei
120 g Crème double
Salz, Pfeffer, Muskat

Sauce
300 ml Geflügelfond
120 g Butter
Ingwerwurzel
Sushi-Ingwersaft
Salz, Pfeffer

Garnitur
1 Mini-Rotkrautkopf
Salz
Rotweinessig
Preiselbeersaft
Nussöl
weißer Pfeffer

ZUBEREITUNG

Für den Nudelteig das Dinkelmehl mit dem Hartweizengrieß, den Eiern, dem Öl und dem Salz vermengen und glatt kneten. Zu einer Kugel formen, in Frischhaltefolie einschlagen und eine Stunde im Kühlschrank ruhen lassen.

Währenddessen die Kaninchenrücken auslösen. Die Dörrpflaumen entkernen.

Den Teig dünn ausrollen und in 4 Stücke von jeweils 16 cm Länge (Breite je nach Kaninchenrücken) schneiden. Die Teigplatten in Salzwasser bissfest blanchieren und in Eiswasser abschrecken.

Aus dem fein geschnittenen Geflügelfleisch, dem Ei, der Crème double und den Gewürzen eine Farce herstellen. Die Nudelplatten damit bestreichen. Die ausgelösten Kaninchenrücken mit Salz und Pfeffer würzen, auf die Nudelplatten legen und ebenfalls mit der Farce bestreichen.

Die vorbereiteten Dörrpflaumen neben die Kaninchenrücken geben und in den Nudelteig einrollen. Im Ofen 10 – 12 Minuten bei 100 °C garen.

Für die Ingwersauce den Geflügelfond reduzieren lassen, die Butter und den geriebenen Ingwer dazugeben, würzen und mit dem Ingwersaft abschmecken.

Das Rotkraut in feine Streifen schneiden und mit Salz, weißem Pfeffer, Rotweinessig, Preiselbeersaft und Nussöl marinieren. Die Kaninchen im Dinkelteig mit der Ingwersauce und der Rotkrautgarnitur anrichten.

GESCHICHTE UND HERKUNFT

> Die Edelkastanie (Castanea sativa) – auch Esskastanie oder Marone genannt – hat einen langen Stammbaum. Man schätzt, dass der Baum bereits vor zwei Millionen Jahren zu finden war. Die genaue Herkunft ist nicht bekannt, Kastanien dürften ursprünglich aus dem Mittelmeerraum und Südosteuropa stammen. Die ersten Kastanienbäume in Deutschland gehen wohl auf die als Maronenliebhaber bekannten Römer zurück. In vielen ärmlichen Gegenden Europas hatten die Bäume bis in die Neuzeit eine lebenswichtige Bedeutung als Nahrungsmittellieferanten. Denn aus den rohen Kastanien wurde Mehl gemahlen, was besonders in Zeiten von Missernten eine große Bedeutung hatte. Daher stammt auch der volkstümliche Name »Brotbaum«. Den Namen hat die Kastanie Überlieferungen zufolge von der Stadt Kastana, die am Schwarzen Meer liegt.

Kastanien waren von jeher nicht nur wegen ihres guten Geschmacks, sondern auch als Heilpflanzen – und in vielen Kulturen auch wegen ihrer angeblich aphrodisiakischen Wirkung – beliebt. Hildegard von Bingen empfahl »geschwächten« Menschen, vermehrt Kastanien zu essen.

VORKOMMEN

> Heute bevölkern die Esskastanien fast alle Regionen Europas, mit Ausnahme der extrem kalten Zonen oder Landschaften mit stark kalkhaltigem Boden. Edelkastanienhaine zur Fruchtgewinnung finden sich vor allem in Südtirol, Korsika und im Tessin, Edelkastanienwälder zur Holzgewinnung im Rheinland und der Schweiz. In Deutschland ist die Edelkastanie zum Beispiel am Rande des Pfälzer Waldes heimisch.

VERWENDUNG

> Nicht zu verwechseln ist die essbare Edelkastanie mit der weit verbreiteten Rosskastanie, die ungenießbar und nicht mit der Esskastanie verwandt ist. Die Rosskastanie (Aesculus hippocastanum) – als »Venenmittel« bekannt – gehört zu den Rosskastaniengewächsen, die Esskastanie zu den Buchengewächsen und ist eng mit der Eiche verwandt. Die in der asiatischen Küche beliebte Wasserkastanie hat ebenfalls keine familiären Verbindungen zu den hiesigen Kastanien. Unterhalb

EDELKASTANIE

der gelben männlichen Blüten stehen die viel unscheinbareren weiblichen Blüten direkt am Holz, aus denen dann die in Stachelschalen verborgenen, braun glänzenden Nüsse entstehen. Die Kastanie ist wohl die einzige Nuss, die man als Gemüse isst. Die Mittelmeerküche kennt viele köstliche Zubereitungsarten für die nahrhaften Kastanien, von süß bis pikant. Die Früchte kommen in verschiedenen Formen vor. Sie werden als Rohware, geröstet, getrocknet, in Konserven, oder glasiert und kandiert angeboten. Kastanienpüree ist eine beliebte, ursprünglich ungarische Spezialität. Für medizinische Zwecke werden auch Blätter und Schalen verarbeitet.

DIE WIRKUNG AUF IHRE GESUNDHEIT

> Blätter und Schale der Kastanie enthalten viele Gerbstoffe, die Blätter darüber hinaus auch Triterpene und Flavonoide. Volksmedizinisch werden die Blätter seit langer Zeit als Mittel gegen Bronchitis, Asthma, Keuchhusten und andere Beschwerden der Atemwege eingesetzt. Die medizinischen Eigenschaften der Blätter und Fruchtschalen werden heute vor allem in der homöopathischen Medizin genutzt. Aus den Blüten werden ätherische Öle gewonnen für die Bachblütentherapie.

Maronen sind nicht so fettreich wie andere Nüsse. Sie enthalten viel Kalium und Magnesium, außerdem die Vitamine B_1, B_2, B_6, C, E und Folsäure. Die Frucht der Kastanie ist auch sehr kalziumreich. Kalzium ist besonders für den Knochenaufbau, die Blutgerinnung und die Erregbarkeit von Nerven- und Muskelgewebe wichtig. Durch ihren Magnesium, Mangan- und Eisengehalt hilft sie auch, den Winter besser zu überstehen.

Kastanien regen den Stoffwechsel an, fördern die Durchblutung, entwässern das Gewebe und festigen die Aderwände.

Auf einen Blick

Edelkastanien

- regen den Stoffwechsel an
- fördern die Durchblutung
- wirken entwässernd und entschlackend
- sind nervenstärkend
- festigen die Aderwände

EDELKASTANIE

SCHOKOLADENBLÄTTER MIT MARONENMOUSSE

Zutaten für sechs Personen:

200 g dunkle Zartbitter-Couverture (beim Konditorei-Bedarf zu kaufen)
1 Bogen Pergamentpapier (50 cm x 25 cm)

Weiße Kaffeesauce
50 g Espressobohnen
200 ml Sahne
40 g Zucker
2 cl Kaffeelikör
2 EL Milch

Maronenmousse
330 ml Milch
130 g Puderzucker
40 g Puderzucker
3 Eigelb
3 Blatt Gelatine
300 g geschlagene Sahne
350 g Maronenpüree

ZUBEREITUNG

Die Zartbitter-Couverture zerkleinern und in einer tiefen Cromarganschüssel im Wasserbad auflösen. Anschließend unter ständigem Rühren abkühlen lassen, dann nochmals leicht erwärmen und mit einer Palette schnell ca. 1 mm dick auf das Pergamentpapier aufstreichen. Anziehen lassen und in 5 x 6 cm große Rauten schneiden. Das bestrichene Pergament für kurze Zeit in den Kühlschrank stellen, damit sich später die Blätter leichter vom Papier lösen.

Für die weiße Kaffeesauce die Sahne mit den Espressobohnen mischen und ca. 24 Stunden ziehen lassen. Dabei mehrmals durchrühren. Durch ein feines Sieb sieben, mit Zucker mischen und steif schlagen. Milch und Kaffeelikör zugeben und zu einer glatten Soße verrühren.

Für die Maronenmousse die Milch erwärmen und mit dem Puderzucker, dem Eigelb und dem Maronenpüree vermischen. Danach die Masse langsam mit einem Holzlöffel rühren, bis sie anfängt zu stocken. Wenn die Masse den Rücken des Holzlöffels überzieht und man darauf bläst, muss eine Rose entstehen (»zur Rose abziehen«). Die Gelatine in kaltem Wasser aufweichen und kalt stellen. Die Sahne schlagen. Danach alle Zutaten vermischen und zum Schluss die geschlagene Sahne unter die Masse heben.

Die Schokoladenblätter vom Pergament lösen. Pro Person 4 Blätter mit der Mousse bestreichen und übereinander setzen. Auf vorgekühlten Tellern anrichten und mit der Mokkasauce umgießen.

GESCHICHTE UND HERKUNFT

> Das Eisenkraut (Verbena officinalis), das der Familie der Eisenkrautgewächse den Namen gibt, hat eine lange Tradition als rituelle Pflanze und als Heilkraut. Im alten Ägypten war das Eisenkraut, das auch unter dem Namen Vervaine bekannt ist, mit der Göttin Isis assoziiert und wurde bei vielen Feiern und Zeremonien eingesetzt. Es gehörte bei den Kelten als beliebte Räucherpflanze zu den heiligen Pflanzen und wurde von den Druiden für Weissagungen und sakrale Feierlichkeiten verwendet. Nach dem druidischen Ritual durfte das Kraut nur zu ganz bestimmten Zeiten gesammelt werden: Nämlich wenn der Mond dunkel und der Sirius gerade aufgegeangen war. Auch im antiken Rom und Griechenland war Eisenkraut Bestandteil von Reinigungsritualen und wurde von priesterlichen Diplomaten beim Aushandeln von Verträgen, insbesondere von Friedensverträgen, als magische Pflanze getragen. Den Römern galt die populäre Heilpflanze in Kombination mit Myrtenzweigen nicht nur als wichtige Zutat für Liebestränke und war auch der Liebesgöttin Venus geweiht. Der Dichter Plinius bezeichnete sie sogar als die beliebteste Pflanze der römischen Flora überhaupt, von der immer Bündel auf dem Altar des Jupiter liegen sollten.

Der deutsche Name Eisenkraut dürfte von der Überzeugung herrühren, dass der Saft des Krautes in der Lage sei, Eisen besonders zu härten oder dass die Pflanze die Kraft habe, Ketten und Schlösser zu sprengen. Viele mittelalterliche Ritter trugen Eisenkraut als Schutzamulett, das sie vor Schwerthieben schützen sollte. Auch vor Hexen und Teufeln sollte das Kraut damals einem verbreiteten Glauben zufolge bewahren. Viele andere Mythen rankten sich um das Eisenkraut: So galt es vielen Kulturen als Symbol der Prophetie, bei den Rosenkreuzern war es eine von zwölf magischen Pflanzen.

VORKOMMEN

> Die ausdauernde Pflanze, die volkstümlich auch unter Namen wie Eisenhart, Druidenkraut, Heiligkraut oder Katzenblutkraut bekannt ist, wächst besonders gut an Hecken, Mauern, Wegrändern, auf Schuttplätzen und Ödland und ist überall in Mitteleuropa, Nordafrika und Westasien zu finden. Vor allem in Frankreich wird das Kraut heute auch kultiviert.

EISENKRAUT

VERWENDUNG

> Verwendet wird – für Teezubereitungen und in der Küche – das blühende Kraut der bis zu 70 cm hohen, einjährigen Staude, das schwach pfefferminzartig riecht und herb-bitter schmeckt. Üblicherweise wird es während der Blütezeit gesammelt. Als »Verbenenkraut« ist das Kraut einer anderen Pflanze, des Zitronenstrauchs Lippia, bekannt, das vor allem in Frankreichs Küche sehr beliebt ist.

DIE WIRKUNG AUF IHRE GESUNDHEIT

> Eisenkraut enthält Iridoid-Glykoside, Gerbstoffe und Bitterstoffe sowie Flavonoide und viel Betakarotin. Die Glykoside haben eine wundheilende und fiebersenkende Wirkung. Die Gerb- und Bitterstoffe sind es wohl, warum Eisenkraut in der Volksmedizin seit jeher erfolgreich bei Verdauungsbeschwerden und Appetitlosigkeit eingesetzt wird. Extrakte aus Eisenkraut sollen schleimlösende und immunstimulierende Eigenschaften haben, auch eine entwässernde Wirkung wird beschrieben. Darüber hinaus gilt Eisenkraut traditionell als Nerventonikum: Angst, Reizbarkeit, nervöse Kopfschmerzen oder Erschöpfung sollen sich damit positiv beeinflussen lassen, bei Erschöpfungszuständen wirken die Bitterstoffe anregend und kräftigend. Es gibt auch Hinweise auf eine gewisse herz- und kreislaufstabilisierende Wirkung der Pflanze.

Auf einen Blick

Eisenkraut

- beruhigt den Magen
- unterstützt das Immunsystem
- wirkt anregend und kräftigend
- ist appetitfördernd
- wirkt beruhigend bei Husten und Katarrhen der oberen Luftwege
- wirkt gegen Angst und Reizbarkeit
- ist entwässernd
- wirkt anregend und kräftigend

EISENKRAUT

LANGUSTINEN MIT ERBSENSCHOTEN IN EISENKRAUT-PAPRIKA-VINAIGRETTE

Zutaten für vier Personen

12 Langustinen
1 Kopf Friséesalat
2 rote Paprikaschoten
1 kleiner Zweig Eisenkraut
20 Kaiserschoten

Dressing
20 ml Balsamico-Essig
Himalayasalz
Pfeffer
60 ml Pflanzenöl

ZUBEREITUNG

Die Kaiserschoten putzen, in Salzwasser blanchieren und in Eiswasser abschrecken.

Den Friséesalat waschen und putzen.

Die Langustinen ausbrechen und im Dämpfer 2 Minuten garen.

Für das Dressing den Balsamico-Essig mit Salz und Pfeffer würzen, das Pflanzenöl mit einem Schneebesen einrühren. Das klein geschnittene Eisenkraut und den in kleine Würfel geschnittene Paprika darunter rühren.

Den Friséesalat mit einem Teil des Dressings marinieren und auf einem Teller flach anrichten.

Langustinen und Kaiserschoten auf den Salat legen und mit der Eisenkraut-Paprika-Vinaigrette beträufeln. Mit Eisenkrautblättern garnieren.

EISENKRAUT

PAPRIKAMOUSSE MIT PFIFFERLINGEN UND EISENKRAUTVINAIGRETTE

Zutaten für vier Personen

3 gelbe Paprikaschoten
1 EL Butter
Meersalz
400 ml Fond blanc (Kalbsknochenfond)
100 ml Sahne
$^1/_2$ Zitrone
reduzierter Weißwein
Gelatine

Eisenkrautvinaigrette
2 EL Eisenkraut
100 ml Wasser
1 Zitrone
2 Limonenblätter
Champagner-Essig
100 ml Öl
Salz

1 Hand voll kleiner Pfifferlinge
$^1/_2$ gelbe Paprika
$^1/_2$ rote Paprika
1 TL Butter
Fond blanc
Zitronenthymian-Essig
Kerbel

ZUBEREITUNG

Die Paprika entkernen, quer schneiden, mit Butter und Meersalz anschwitzen und in Fond blanc weich kochen. Sahne hinzugeben, noch mal aufkochen lassen, mixen und passieren. 1 Blatt eingeweichte Gelatine je 100 ml dazugeben. Mit Zitrone, reduziertem Weißwein und Sahne abschmecken, in eine Form füllen und 4 Stunden kalt stellen.

Eisenkraut und Limonenblätter in Wasser auskochen, passieren, mit Zitronensaft, einem Spritzer Champagner-Essig und Salz abschmecken und etwas Öl dazugeben.

Die Paprika schälen, in kleine Würfel schneiden, mit den Pfifferlingen weich andünsten. Danach mit der Eisenkrautvinaigrette marinieren.

Aus der Mousse mit einem Löffel Nocken ausstechen, mit den Pfifferlingen, dem Kerbel, Zitronenthymian-Essig und Eisenkraut anrichten.

POCHIERTE POULARDE IN EISENKRAUT

ZUBEREITUNG

Poulardenbrüstchen putzen. 1 Karotte, Zucchino und Kohlrabi putzen und in gleich große Stücke schneiden. Die zweite Karotte schälen und in dünne Scheiben schneiden. Danach das Gemüse in feine Stifte für Julienne schneiden, in kochendem Wasser blanchieren, in Eiswasser abschrecken und kalt stellen.

Die Poulardenbrüstchen würzen und in Fond blanc mit dem Wurzelgemüse bei 80 °C gar ziehen lassen.

Für die Sauce die Zitronengrasstangen klopfen und in Stücke schneiden. Mit 40 g Butter anschwitzen und mit Weißwein und Noilly Prat ablöschen. Mit Fond blanc auffüllen und die Hälfte des Eisenkrauts dazugeben. Auf ein Drittel reduzieren lassen und durch ein Sieb passieren. Die passierte Mischung, die übrige Butter und die Sahne bei schwacher Hitze ca. 5 Minuten köcheln lassen. Kurz vor dem Servieren nochmals aufmixen.

Das Gemüse erwärmen und die pochierte Poularde mit Gemüse und Karottenjulienne auf den Tellern anrichten. Die Sauce darüber geben und mit Eisenkrautblättern garnieren.

Zutaten für vier Personen

4 Poulardenbrüstchen
2 Karotten
1 Zucchino
1 Kohlrabi

500 ml Fond blanc (Kalbsknochenfond)
2 Stangen Zitronengras
500 ml Weißwein
$^1/_2$ Zitrone
100 ml Sahne
150 g Butter
1 Bund Eisenkraut
1 TL Noilly Prat

GESCHICHTE UND HERKUNFT

> Estragon (Artemisia dracunculus) aus der Familie der Korbblütengewächse hat eine lange Tradition, und das nicht nur als Heil-, sondern auch als vermeintliches Zauberkraut. Der Name geht auf das lateinische draco – Drache – zurück: Das beruht wahrscheinlich auf dem mittelalterlichen Aberglauben, dass gegen Drachen und Schlangen geschützt sei, wer einen Zweig Estragon bei sich trägt.

Ursprünglich stammt die sehr charakteristisch riechende und schmeckende Pflanze aus Zentralasien, wahrscheinlich Sibirien. Es ist nicht bekannt, von wem und zu welcher Zeit die heute gebräuchlichen Kulturformen entwickelt wurden, auch der Zeitpunkt der Einführung in Europa lässt sich nicht mehr genau bestimmen.

Möglicherweise brachten ihn die Kreuzritter in unsere Breiten. Besonders in Frankreich erfreute sich das Würzkraut bald besonderer Beliebtheit und gehört bis heute zu den wichtigsten Gewürzen der französischen Küche. In die deutsche und österreichische Küche hielt Estragon eher spät Einzug und ist in unseren Breiten weit weniger populär als im mediterranen Raum. Das »Grimm'sche Wörterbuch« aus der Mitte des 19. Jahrhunderts jedenfalls führte ihn unter den Gewürzen noch nicht an.

VORKOMMEN

> Estragon wächst auf warmen, windgeschützten Standorten mit humusreicher Erde und ausreichender Feuchtigkeit und wird heute in Asien, Russland, Südeuropa, vereinzelt auch in Deutschland angebaut, wo er erst seit rund 200 Jahren verbreitet ist. Auch in vielen Kräutergärten wird die frostgefährdete Pflanze im kleinen Umfang kultiviert. Vom Estragon mit seinen lanzettförmigen Blättern gibt es zwei Formen, den Russischen und den Französischen Estragon.

VERWENDUNG

> Verwendet werden die jungen Blatttriebe der mehrjährigen Pflanze als frisches Kraut, die häufig zusammen mit den Stängeln geerntet werden. Soll Estragon getrocknet werden, so erntet man die Blätter kurz vor der Blüte. Mit seinem bittersüßen, leicht pfeffrigen Geschmack ist er im mediterranen Europa, vor allem Frankreich, sehr beliebt, etwa im Kräuterbouquet und als Zutat für Saucen, Senf

ESTRAGON

und Essig. Das Estragonblatt sollte nur sparsam verwendet werden. Es braucht wenig davon, um den erwünschten Geschmack zu erzielen.

Frischer Estragon ist wegen seines vollen Aromas etwa eine große Bereicherung für zartschmeckende Geflügelgerichte, aber auch Rindfleisch und Fisch, auf Sauerrahm oder Mayonnaise basierende Kräutersaucen und Pilzgerichte. Gern wird er für Salate verwendet, ebenso wie für geschmorte Tomaten oder Pilze. Beim Einlegen von Gurken und bei der Herstellung von Senf ist Estragon unentbehrlich. Verwendet wird Estragon auch, um Estragonessig oder Essigmischungen herzustellen. Getrocknet oder eingefroren verliert die Pflanze viel an Geschmack, es empfiehlt sich daher, das frische Kraut zu verwenden.

DIE WIRKUNG AUF IHRE GESUNDHEIT

> Estragon enthält viel ätherisches Öl und reichlich Kalium, das als muskelstärkend gilt. Darüber hinaus sind die Blätter reich an Jod, Vitamin A und C, weshalb das wohlschmeckende Gewürz auch das Immunsystem kräftig unterstützen kann. Vitamin C bewahrt nicht nur andere Nährstoffe wie Vitamin A oder Vitamine des B-Komplexes vor der Zerstörung, sondern unterstützt auch die weißen Blutkörperchen, die Abwehrspezialisten im Körper. Vitamin A ist wichtig für gesunde Schleimhäute, die bei der Krankheitsabwehr eine bedeutsame Rolle spielen.

Estragon wirkt appetitanregend, verdauungsfördernd und leicht entwässernd. Estragon soll darüber hinaus auch beruhigend wirken, beim Einschlafen helfen und schmerzlindernd sein. Als Estragonessenz gleicht er das Nervensystem aus und stärkt die psychische Widerstandskraft.

Auf einen Blick

Estragon

- wirkt appetitfördernd
- stärkt die Nerven
- fördert die Verdauung
- wirkt entwässernd und entschlackend
- beruhigt und fördert den Schlaf
- stärkt das Immunsystem

ESTRAGON

LAUWARMES LACHSCARPACCIO MIT WILDKRÄUTERN

Zutaten für vier Personen

400 g Label Rouge Lachs (Schottischer Lachs)
Estragon
Basilikumblätter
Petersilie
Thymian
Schnittlauch
Kapuzinerkresse
Senfblüten
Salz

Balsamicodressing

150 ml Fond blanc (Kalbsknochenfond)
1 EL Mondamin
40 ml weißer Balsamico-Essig
50 ml Olivenöl
125 ml Mazola-Öl
1 TL reduzierter Noilly Prat

ZUBEREITUNG

Den Lachs in 2 mm dünne Scheiben schneiden, auf einem geölten Blech rund auflegen, leicht salzen und beiseite stellen.

Für die Vinaigrette den Fond blanc aufkochen, salzen, mit Mondamin leicht abbinden und abkühlen lassen. Zum Fond blanc Balsamico-Essig, die Öle und Noilly Prat hinzugeben und mit dem Mixstab aufmixen.

Den Lachs kurz unter dem Grill garen. Die Balsamicovinaigrette auf dem Teller verteilen, den gegarten Lachs darauf setzen. Die Kräuter mit einem Teelöffel Dressing marinieren und locker darüber streuen.

FENCHEL

SAIBLING MIT FENCHELPÜREE UND STERNANIS

Zutaten für vier Personen:

4 Saiblingsfilets
6 Fenchel
etwas Speck in kleinen Würfeln
700 ml Fond blanc
(Kalbsknochenfond)

400 ml Weißwein
200 ml Noilly Prat
200 ml Sahne
Olivenöl
Thymian
Sternanis

Sauce
50 ml Madeira
50 ml Balsamico-Essig
5 Sternanis
500 ml Kalbsfond
50 g Butter
100 ml Sahne

ZUBEREITUNG

Die Saiblingsfilets von den Gräten befreien und mit kaltem Wasser abwaschen. Den Saibling würzen, in Mehl wenden und von beiden Seiten 2 Minuten braten.

Den Fenchel putzen und halbieren. Mit Olivenöl anbraten, etwas Speck und Thymian dazugeben. Mit Noilly Prat und Weißwein ablöschen, dann mit Fond blanc auffüllen und weich dünsten lassen.

Aus einer Fenchelknolle mit dem Gemüsehobel dünne Scheiben hobeln, in der Pfanne in heißem Olivenöl kurz frittieren und auf Küchenkrepp abtropfen lassen.

Den weichen Fenchel pürieren, die Sahne dazugeben, mit Salz und Pfeffer abschmecken und warm stellen.

Für die Sauce Madeira und Balsamico-Essig mit dem Kalbsfond und Anis vermengen und auf die Hälfte reduzieren. Mit der Sahne auffüllen und kochen lassen. Zum Schluss mit der Butter verfeinern.

Den gebratenen Saibling auf vorgewärmte Teller geben, die Sauce darüber geben und mit den frittierten Fenchelscheiben und dem Sternanis garnieren.

GINKGO

GINKGOGELEE MIT BITTERAPRIKOSENKERNEN

Zutaten für 4 Personen

6 Blatt Gelatine
10 g Ginkgoblätter (aus der Apotheke)
500 ml Wasser
200 ml Apfelsaft
1 Prise Salz
2 EL reduzierter Noilly Prat
1 EL Zitronensaft
30 g Honig
16 Bitteraprikosenkerne
10 g Zucker
10 g Butter
etwas Kirschwasser

ZUBEREITUNG

Die Gelatine einweichen. Die Ginkgoblätter im aufgekochten Wasser 5 Minuten ziehen lassen. Den Apfelsaft dazugeben, passieren und mit Salz, Noilly Prat, Zitronensaft und Honig abschmecken. Die eingeweichte Gelatine hinzugeben, in tiefe Teller eingießen und kalt stellen.

Die Bitteraprikosenkerne einritzen, auf ein Blech legen, mit Wasser beträufeln und bei 180 °C im Backofen 10–15 Minuten garen.

Den Zucker karamellisieren, Butter und Bitteraprikosenkerne zugeben und mit etwas Kirschwasser ablöschen. Die glasierten Bitteraprikosenkerne kurz abkühlen lassen, auf dem Gelee anrichten und mit einem Ginkgoblatt garnieren.

GESCHICHTE UND HERKUNFT

> Der Ingwer (Zingiber officinale) wurde in Asien schon vor Jahrtausenden nicht nur als Gewürz, sondern auch als Heilmittel gegen Verdauungsbeschwerden geschätzt. Der chinesische Religionsstifter Konfuzius soll jede seiner Speisen mit Ingwer gewürzt haben, um sie besser verträglich zu machen. Im arabischen Raum wurde seine angeblich sexuell stimulierende Wirkung beschrieben.

Im Mittelalter gelangte der Ingwer nach Europa und zählte bald nicht nur zu den gängigen Tischgewürzen, sondern galt auch hier als appetitanregend und verdauungsfördernd. Bei Hildegard von Bingen, Paracelsus, aber auch in Kräuterbüchern des 16. und 17. Jahrhunderts wurde Ingwer als Heilpflanze beschrieben – ebenfalls vor allem hinsichtlich seiner magenstärkenden, appetitanregenden und verdauungsfördernden Wirkung. Später verlor er in Europa etwas an Bedeutung und zieht erst jetzt, unter anderem mit dem regelrechten Asien-Boom unter kulinarischen Kennern, wieder verstärkt in die Küchen unserer Region ein.

Im 16. Jahrhundert wurde Ingwer auch nach Jamaika und andere westindischen Inseln gebracht und von dort nach Europa exportiert.

VORKOMMEN

> Ursprünglich in Zentralasien beheimatet, wird Ingwer heute im gesamten tropischen und subtropischen Asien, in Teilen Afrikas, Brasilien und Jamaika angebaut.

VERWENDUNG

> Verwendet wird – für kulinarische ebenso wie für medizinische Zwecke – der geschälte Wurzelstock der einjährigen Staude, der sowohl frisch als auch getrocknet oder eingelegt angeboten wird. In der Küche wird er hierzulande traditionell zum Backen, für Desserts oder Glühweinmischungen verwendet. Frischer, geriebener Ingwer verfeinert aber auch Fisch- oder Geflügelspeisen und ist als Einmachgewürz für Früchte, Kürbisse oder Gurken beliebt.

Er ist Bestandteil vieler Gewürzmischungen, wie etwa Curry. Kandierter Ingwer ist auch als Konfekt en vogue. Ein Ingwer-Extrakt wird zur Herstellung von Likören und für verschiedene alkoholfreie Getränke – wie etwa das in den USA beliebte Ginger Ale – verwendet.

INGWER

DIE WIRKUNG AUF IHRE GESUNDHEIT

> Das ätherische Öl der Ingwerwurzel enthält unter anderem Sesquiterpene. Wichtige Inhaltsstoffe sind auch verschiedene Scharfstoffe wie etwa Gingerole. Letztere sind für eine leicht blutverdünnende Wirkung des Ingwer verantwortlich, und damit für eine vorbeugende Wirkung gegen Herzinfarkt und Schlaganfall.

Kein anderes Gewürz hat eine so ausgeprägte Wirksamkeit gegen Übelkeit. Ingwer ist daher besonders effektiv gegen die »Reisekrankheit«, also Übelkeit bei Auto-, Flug- oder Schiffsreisen. Hier werden spezielle Präparate auf Ingwerbasis angeboten, häufig hilft es aber auch, Ingwerstäbchen oder Ingwerbonbons zu essen oder ein Stück Wurzel zu kauen.

Ingwerzubereitungen können bei verschiedenen Magen- und Darmbeschwerden helfen, unter anderem aktiviert er die Verdauung durch eine Anregung der Magensaftsekretion und der Darmperistaltik, wird aber auch bei Magengeschwüren erfolgreich eingesetzt.

Es gibt Hinweise auf eine cholesterinsenkende Wirkung von Ingwer. Eine Reihe von Untersuchungen weisen darüber hinaus auf einen schmerzstillenden und immunstimulierenden Effekt der vielseitigen Wurzel hin.

Auf einen Blick

Ingwer

- wirkt gegen Übelkeit
- fördert die Verdauung
- wirkt entspannend und krampflösend
- stillt Schmerzen
- regt den Appetit an
- wirkt antibakteriell
- stärkt das Immunsystem
- hilft bei Reisekrankheit
- senkt den Cholesterinspiegel

JAKOBSMUSCHELN MIT LÖWENZAHN, THAIKORIANDER UND INGWER

Zutaten für vier Personen

8 Jakobsmuscheln
1 Bund Thaikoriander
1 Hand voll Meersalz
50 g eingelegter Ingwer (aus dem Asia-Laden)
2 Bund französischer Löwenzahn
1 EL rosa Pfeffer
1 EL grüner Pfeffer

Dressing

20 ml weißer Balsamico-Essig
1 TL Currypulver
1/2 TL geschnittener Thaikoriander
1 EL Ingwersaft
60 ml Mazola-Öl
Salz, weißer Pfeffer

ZUBEREITUNG

Die Jakobsmuscheln aus der Schale nehmen, wässern und leicht salzen.

Alle Zutaten für das Dressing vermischen und gut abschmecken.

Vom Löwenzahn die Spitzen abschneiden und im lauwarmen Wasser gut waschen, damit sie den bitteren Geschmack verlieren.

Die Jakobsmuscheln in einer beschichteten Pfanne kurz von beiden Seiten braten. Den Löwenzahn mit dem Dressing marinieren und anrichten. Die Jakobsmuscheln draufsetzen und mit Meersalz, Thaikoriander und eingelegten Ingwerscheiben garnieren. Auf den Tellerrand grüne Pfefferkörner sowie gemahlenen rosa Pfeffer geben.

ST. PIERRE AUF WIRSING MIT INGWERSAUCE

ZUBEREITUNG

Den Wirsing in Blätter zerlegen und in Rauten schneiden. Danach im Salzwasser bissfest abkochen. Den Rotkohl in feine Streifen schneiden, mit Rotweinessig, Salz, Pfeffer, ein wenig Preiselbeersaft und Pflanzenöl marinieren. Den Ingwer schälen und mit der Reibe reiben.

Den St. Pierre mit Salz würzen und in einem Dämpfer garen. Wichtig: Nur glasig garen, da der Fisch sonst trocken wird.

Den Wirsing in einer Sauteuse erwärmen und mit Salz und Muskatnuss würzen. Zum Schluss die geschlagene Sahne darunter geben.

Den Fischfond aufkochen, mit Zitronensaft, geriebenem Ingwer und reduziertem Weißwein aufgießen.

Den Wirsing auf dem Teller platzieren, den gegarten Fisch darauf legen und die schäumende Sauce darüber geben. Den Fisch mit Ingwer bestreuen und das Rotkraut an den Seiten verteilen. Mit Kerbel garnieren.

Zutaten für vier Personen

4 Filets vom St. Pierre à 80 g
1 Ingwerknolle
1 mittelgroßer Wirsingkopf
1 Mini-Rotkohl
Kerbel
200 ml Fischfond
Salz
Pfeffer
Preiselbeersaft
Rotweinessig
Muskatnuss
1 EL geschlagene Sahne
1 Zitrone
1 TL reduzierter Weißwein

GESCHICHTE UND HERKUNFT

> Wie der Olivenbaum ist auch der Kapernstrauch (Capparis spinosa) im gesamten mediterranen Raum zu Hause, von wo er wohl ursprünglich auch stammt. Seit 3 000 Jahren ist die Kaper als Gewürz bekannt, schon bei den alten Ägyptern fand sie ebenso Erwähnung wie im Alten Testament. In der Antike wurde sie häufig in der Küche eingesetzt. Neben dem kulinarischen Wert und der Appetit anregenden Wirkung schätzten die alten Griechen und Römer Kapern auch als Aphrodisiakum. Die griechische Liebesgöttin Aphrodite soll die Schutzherrin der Kapern gewesen sein, wohl auch ein Grund, warum Kapern immer wieder auch aphrodisiakische Eigenschaften zugesprochen wurden.

VORKOMMEN

> Kapern, die zu der eng mit den Kreuzblütengewächsen verwandten Familie der Kaperngewächse gehören, wachsen heute wild im ganzen Mittelmeergebiet und werden dort auch ausgiebig kultiviert. Die wichtigsten Anbaugebiete liegen in Frankreich, Spanien, Italien und Algerien, aber auch in Griechenland, Zypern und neuerdings im Iran werden größere Flächen kultiviert. Der dornige Strauch wird bis 1,50 m hoch und ist, abgesehen vom Anspruch an warme Temperaturen, äußerst genügsam. Er wächst auf trockenem, steinigem Boden und benötigt relativ wenig Wasser.

VERWENDUNG

> Kapern sind die ungeöffneten Blütenknospen des Kapernstrauches. Die Blütenknospen, die man nach dem Pflücken welken lässt, werden üblicherweise in Öl, Salzlake oder Essig eingelegt. Kleinere Knospen mit weniger als einem Zentimeter Durchmesser gelten als wertvoller als die größeren. Die Kapernfrüchte selbst werden dagegen nicht als Kapern bezeichnet, man findet sie gelegentlich unter der Bezeichnung »Kapernäpfel« oder »Kapernbeeren« auf gleiche Art konserviert im Handel. Ihr Geschmack ist sehr intensiv.

Kapern sind ein wichtiger Bestandteil der meisten Mittelmeerküchen und werden besonders stark mit italienischen Gerichten assoziiert. Sie

KAPERNSTRAUCH

verfeinern Tomaten- oder Weinsaucen, besonders bei Geflügel- und Fischgerichten, garnieren kalte Platten und bereichern Pizze. Kapern vertragen sich gut mit anderen mediterranen Gewürzen wie Basilikum, Oregano oder Knoblauch und werden oft zusammen mit eingelegten Oliven verwendet. Auch in die Küchen Nordeuropas haben Kapern inzwischen längst Eingang gefunden, und zwar besonders für kalte Speisen wie Fischsalate, Hackfleisch und pikante Gemüsesalate, aber auch Ragouts – und natürlich Königsberger Klopse.

Als Kapernersatz werden zuweilen die Blütenknospen der Sumpfdotterblume oder der Kapuzinerkresse genommen.

DIE WIRKUNG AUF IHRE GESUNDHEIT

> Kapern enthalten bitter schmeckende Flavonoidglykoside und ein Senfölglukosid, das Glukocapparin. Dieses Glukocapparin wird beim Welken der Knospen in Glukose und das charakteristisch schmeckende Methylsenföl gespalten. Dank des Senföls fördern Kapern den Appetit, regen die Verdauung an und stärken den Magen, unterstützen aber auch die Entwässerung und Entschlackung.

Auf einen Blick

Kapern

- regen den Appetit an
- beruhigen den Magen
- unterstützen die Entwässerung und Entschlackung
- fördern die Verdauung

KAPERNSTRAUCH

SAIBLINGSFILET AUF SALSA VERDE MIT KAPERN

Zutaten für vier Personen

2 Saiblingsfilets
Kapernfrüchte (zum Garnieren)

Salsa Verde
70 g krause Petersilie
30 g glatte Petersilie
130 g Essiggurken
2 Sardellenfilets
1 Schalotte
10 Kapern
2 EL Rotweinessig
5 EL Olivenöl
Salz
Pfeffer

Sud für den Saibling
30 g Meersalz
1 l Wasser
2 cl Estragonessig
125 ml Weißwein
10 Pfefferkörner
1 Thymianzweig
$^1/_2$ Lauch
1 Staudensellerie
$^1/_2$ Karotte

ZUBEREITUNG

Die Saiblingsfilets in 12 gleich große Stücke schneiden und kalt stellen.

Petersilie, Essiggurken, Sardellen, Schalotten und Kapern im Mixer ganz fein hacken. Mit Essig und Öl verrühren, mit Salz und Pfeffer abschmecken.

Den portionierten Saibling im vorbereiteten Sud bei ca. 70 °C ca. 5 Minuten gar ziehen lassen.

Auf den Teller anrichten, Salsa Verde darüber geben und mit Kapernfrüchten garnieren.

GESCHICHTE UND HERKUNFT

> Die Kapuzinerkresse (Tropaeolum majus) stammt ursprünglich aus Peru und Bolivien, wo sie auch von alters her als Heilpflanze verwendet wurde: Die frischen Blätter sollten Wunden heilen. Aus Südamerika kam die Kapuzinerkresse zunächst um 1600 in erster Linie als Ziergewächs nach Europa, wurde später aber auch als Küchenkraut verwendet. Der lateinische Name »Tropaeolum« leitet sich vom Wort »Tropaeum« ab, das bedeutet Siegeszeichen. Das dürfte auf die schildförmigen Blätter und die helmförmigen Blüten zurückzuführen sein. Den ersten Teil ihres deutschen Namens bekam die farbenfrohe Pflanze, weil ihre Blüten den Kopfbedeckungen von Kapuzinern gleichen. Die Bezeichnung Kresse hingegen dürfte sich auf das lateinische Wort »crescere« beziehen, was so viel bedeutet wie »wachsen«: Bekanntlich wachsen alle Kressearten sehr schnell.

VORKOMMEN

> Heute wird die beliebte Pflanze mit den orangen bis orange-roten Blüten überall auf der Welt kultiviert. Sie wächst an sonnigen bis halbschattigen Standorten und verträgt Feuchtigkeit ebenso schlecht wie Frost. Die Pflanze breitet sich sehr schnell aus und nimmt es nicht übel, wenn Blätter und Blüten zum Essen entfernt werden.

Die einjährige, rankende Pflanze mit dem farbenfrohen fünfblättrigen Kelch ist auch bei uns in vielen Gärten zu finden.

VERWENDUNG

> In der Küche werden die frischen Blätter mit ihrem scharfen, pfeffrigen Aroma ähnlich wie Kresse verwendet, unter anderem zur Verfeinerung von Salaten oder für Brotaufstriche. Die Blüten der Kapuzinerkresse eignen sich zum Garnieren und können mitgegessen werden. Die jungen Blütenknospen lassen sich als Kapernersatz in Essig einlegen.

Für die medizinische Nutzung der Kapuzinerkresse wird die ganze Pflanze verwendet.

KAPUZINERKRESSE

DIE WIRKUNG AUF IHRE GESUNDHEIT

> Kapuzinerkresse enthält viel ätherisches Öl mit bakterien- und pilzhemmender Wirkung, Oxalsäure und wirkt darüber hinaus verdauungsfördernd und appetitanregend. Beobachtet wurde auch eine Stärkung des Immunsystems, die wohl auf den hohen Vitamin C-Gehalt und das reichlich vorhandene Senfölglykosid der Pflanze zurückgeht.

Neuere Präparate aus der Kapuzinerkresse werden daher auch gegen Infektionskrankheiten, besonders im Bereich der Nieren, der Harnwege und der Atemwege, verwendet. Akute und chronische bakterielle Entzündungen können mit Hilfe diese »Antibiotikums aus der Natur« zum Verschwinden gebracht werden. Innerhalb der pflanzlichen Mittel gegen Harnwegsinfekte gilt die Kapuzinerkresse als der effektivste Keimhemmer überhaupt. Sie wirkt darüber hinaus kräftigend, blutbildend und blutreinigend und unterstützt den Sauerstofftransport.

Außerdem ist die Kapuzinerkresse auch reich an Magnesium, einem Mineralstoff also, der einen positiven Effekt auf Blutdruck und Herztätigkeit hat.

Auf einen Blick

Kapuzinerkresse

- fördert die Verdauung
- regt den Appetit an
- lindert Infektionen der Atem- und Harnwege
- stärkt das Immunsystem
- unterstützt die Herztätigkeit
- senkt den Blutdruck
- wirkt antibakteriell

KAPUZINERKRESSE

KARTOFFELSUPPE MIT KAPUZINERKRESSEBLÜTEN

Zutaten für vier Personen

350 g mehlige Kartoffeln
Salz
200 ml Sahne
100 g Butter
1/2 l kräftige Consommé
Schwarze Trüffel
Senfblüten
Kapuzinerkresseblüten

ZUBEREITUNG

Die Kartoffeln in gut gesalzenem Wasser garen. Danach durch die Kartoffelpresse drücken und noch in heißem Zustand mit der Sahne, Butter und der Consommé mixen. Mit Salz, Pfeffer und Muskat abschmecken.

Mit den Blüten und dem gehobelten Trüffel anrichten.

AUSTERN IN EIGENEM GELEE MIT SENF- UND KAPUZINERKRESSEBLÜTEN

Zutaten für vier Personen

16 Gillardeau-Austern
400 ml Fischfond
4 Scheiben Speck
1 Bund Senfblüten
1 Bund Kapuzinerblüten
20 ml Champagner-Essig
4 Blatt Gelatine
Salz

ZUBEREITUNG

Die Austern mit einem Austernöffner öffnen und vorsichtig herauslösen. Den Austernsaft in den Fischfond hinein passieren. Die Gelatine in kaltem Wasser auflösen und mit wenig Fischfond verrühren. Danach in den Fond zurückschütten und gut verrühren. Mit Champagner-Essig und Salz abschmecken.

Den Speck in Streifen schneiden und kurz auslassen. Kalt stellen.

Den Fischfond in einer Schüssel auf Eis kalt rühren, bis er leicht anzieht.

Pro Portion 4 Austern auf jeden Teller legen. Den Speck mit den Senfblüten darauf verteilen. Den gelierten Fischfond dazugeben und mit den Kapuzinerkresseblüten garnieren.

GESCHICHTE UND HERKUNFT

> Die Kartoffel (Solanum tuberosum) stammt aus Mittel- und Südamerika, wo ihre Kultivierung bereits rund 4 000 Jahre zurückreicht. Nach Europa kam die »Trüffel der Inkas« genannte Knolle erst mit der Eroberung der »Neuen Welt« und galt hier zunächst als seltene Zierpflanze mit besonders attraktiven Blüten.

Erst im 18. Jahrhundert entdeckten die Europäer auch ihre kulinarischen Vorzüge, und die Kartoffel entwickelte sich allmählich zum neuen Grundnahrungsmittel. In Deutschland setzte sich diese Haltung vor allem durch, nachdem der Preußenkönig Friedrich der Große 1744 die Verteilung von Saatkartoffeln befahl und sie interessant machte, indem er sie auf dem Feld bewachen ließ.

Der Kartoffelanbau veränderte die Landwirtschaft in Europa grundlegend, weil es mit der vielseitigen Knolle erstmals möglich war, mit relativ wenig Aufwand Nahrungsmittel für viele Menschen, nicht nur für den Eigenbedarf, zu erzeugen. Dadurch wurden nebenbei Arbeitskräfte aus der Landwirtschaft für die Industrialisierung frei.

VORKOMMEN

> Die krautige Pflanze aus der Familie der Nachtschattengewächse, die einen halben bis zu einem Meter hoch werden kann, wird heute auf der ganzen Welt angebaut. Weil sie mit kargen Böden, wenig Licht und relativ niedrigen Temperaturen auskommt, lässt sie sich fast an jedem beliebigen Ort kultivieren und ist damit weltweit mit rund 8 000 verschiedenen Sorten weltweit eine der wichtigsten Nahrungspflanzen überhaupt.

VERWENDUNG

> Verwendet werden die Knollen der Pflanze, verdickte Triebe, in denen die Reservestoffe für das Auskeimen der neuen Pflanzen lagern. In unzähligen Gerichten werden Kartoffeln als Haupt- oder Nebenbestandteil verarbeitet. Die Vitamine und Mineralstoffe der schmackhaften Knolle sitzen direkt unter der Schale. Damit diese wichtigen Vitalstoffe nicht verloren gehen, sollte man Kartoffeln nicht oder höchstens ganz dünn schälen, bevor man sie kocht, und sie möglichst nicht in Salzwasser garen.

KARTOFFEL

DIE WIRKUNG AUF IHRE GESUNDHEIT

> Als Grundnahrungsmittel sorgen Kartoffeln nicht nur dafür, dass wir viele Vitamine und Mineralstoffe aufnehmen, sondern sind auch sonst in vieler Hinsicht regelrechte Allround-Talente zur Förderung der Gesundheit. Vor allem Kalium, Eisen, Magnesium, Phosphor und Zink, Vitamin C und die meisten B-Vitamine kommen in Kartoffeln in größerer Menge vor. Der hohe Gehalt an Vitamin C hat viele Vorteile, denn dieses Vitamin ist nicht nur wichtig für die Produktion roter Blutkörperchen und die Eisenaufnahme, sondern schützt auch die Zellen vor den zerstörerischen freien Radikalen und gilt als wichtiger Unterstützer des Immunsystems. Um diese Vorteile zu nutzen, muss man gar nicht so viele Kartoffeln essen. Schon 300 Gramm decken fast 70 Prozent des Tagesbedarfs an Vitamin C ab.

Die reichlich in Kartoffeln enthaltenen Phenolsäuren haben positive Effekte auf das Herz-Kreislauf-System und den Stoffwechsel, denn sie wirken nicht nur blutdrucksenkend und können Blutgerinnseln vorbeugen, sondern senken auch den Blutzuckerspiegel. Zu einer positiven Beeinflussung des Blutzuckers, aber auch des Fettstoffwechsels trägt auch der hohe Chrom-Gehalt der vielseitigen Knolle bei.

Wichtig ist die Kartoffel auch, um den Bedarf an Vitamin B_6 zu decken, das für die Regulierung des Eiweißstoffwechsels verantwortlich ist und den gesamten Sauerstofftransport im Körper mitregelt. Das Kalium trägt zur entwässernden Wirkung der Kartoffel bei, spielt aber auch für die Stimulierung der Muskeltätigkeit eine wichtige Rolle. Der hohe Eisengehalt der beliebten Knolle regt die Blutbildung an. Die reichlich enthaltenen Ballaststoffe der gesunden Knolle halten den Darm in Schwung.

Auch für das Denkvermögen soll das populäre Gemüse viele Vorteile haben: Die Kartoffel enthält viel Glucose, einen wichtigen Nährstoff für das Gehirn, der darüber hinaus auch Müdigkeit vorbeugen kann.

Auf einen Blick

Kartoffeln

- wirken entwässernd
- fördern die Verdauung
- unterstützen das Immunsystem
- senken den Blutdruck
- beeinflussen Blutzucker und Fettstoffwechsel günstig
- schützen die Zellen vor freien Radikalen
- regen die Gehirntätigkeit an

WASSERLINSEN MIT KARTOFFELGARBEN

Zutaten für vier Personen

100 g Wasserlinsen
4 große Kartoffeln
12 Scheiben Speck
geklärte Butter

Vinaigrette
5 EL Öl
2 EL Champagner-Essig
1 EL Wasser
Salz
1 EL gehackter Kerbel
1 EL fein gehackte blanchierte Schalotten

ZUBEREITUNG

Die Linsen 1 Stunde in Wasser einweichen und in Salzwasser weich kochen. Danach in ein Sieb abschütten.

Die Kartoffeln schälen und dünn aufschneiden, danach in feine Streifen schneiden. Die Streifen in Salzwasser blanchieren, im Eiswasser erkalten lassen und nebeneinander hinlegen. Einzelne Bündchen mit Speck umwickeln und in geklärter Butter ausbacken. Auf einem Tuch abtropfen lassen.

Die Wasserlinsen mit der Schalottenvinaigrette marinieren und geschmackvoll auf dem Teller anrichten. Die Kartoffelgarben auf den Linsen anrichten und garnieren.

GESCHICHTE UND HERKUNFT

> Der Kerbel (Anthriscus cerefolium) stammt ursprünglich wohl aus dem Kaukasus und Südrussland. Möglicherweise durch die Römer, die den Kerbel zahlreichen Überlieferungen zufolge sehr schätzten, gelangte er ins Mittelmeergebiet. Von dort aus kam er im frühen Mittelalter nach Mitteleuropa. Plinius und Columella berichteten über den Anbau des Kerbels, im Kochbuch des Apicius wurde er beispielsweise zu Gerichten mit Huhn empfohlen. Nördlich der Alpen wurde das Kraut im Frühmittelalter vor allem durch das Kräuterbuch *Capitulare de villis* von Karl dem Großen bekannt. Hier erhielt der Kerbel in den Klöstern eine besondere Bedeutung als vitaminreiche Fastenspeise, da er dank seiner Frostresistenz mit als erstes Kraut schon im zeitigen Frühjahr gesät und geerntet werden konnte. Als Heilpflanze wurde Kerbel in dieser Zeit gegen Husten und Leibschmerzen sowie zur Blutreinigung empfohlen. Aufgelegtes Kerbelkraut sollte auch beim Abstillen von Säuglingen helfen.

VORKOMMEN

> Wildwachsend und als Kulturpflanze ist Kerbel, der zur Familie der Doldenblütengewächse gehört, heute überall in Europa zu finden. Er stellt keine besonderen Ansprüche an den Boden, gedeiht jedoch am besten in halbschattigen Lagen und fehlt kaum in einem Kräutergarten. Weil die einjährige Pflanze sehr schnell wächst, kann man fast das ganze Jahr frischen Kerbel ziehen.

VERWENDUNG

> Verwendet werden das frische Kraut und die Früchte. Am bekanntesten ist der Kerbel als Küchengewürz. Er gehört zur klassischen Mischung der »fines herbes« und der Kräuter der Provence in der französischen Küche. Die frischen Blätter werden gehackt unter anderem zum Garnieren von Suppen, Salaten und Fischgerichten, aber auch für Geflügelgerichte, Gemüse und Saucen verwendet. Beliebt ist die sämige Kerbelsuppe. Zum Trocknen wird das blühende Kraut geerntet.

KERBEL

DIE WIRKUNG AUF IHRE GESUNDHEIT

> Die Hauptinhaltsstoffe des Kerbel sind das Flavonglykosid Apiin, Bitterstoff und ätherisches Öl mit Estragol und Cumarinen. Darüber hinaus ist die Pflanze auch reich an Vitamin C, Eisen und Magnesium, aber auch Zink, Kalzium und Karotinoiden. Ähnlich wie andere Kräuter aus der Familie der Doldenblütler macht Kerbel Speisen bekömmlicher, was wohl auf den Gehalt an ätherischem Öl zurückzuführen ist, das in Verbindung mit Bitterstoffen die Verdauung anregt.

Weil das beliebte Küchengewürz entschlackend, entwässernd und blutreinigend wirkt, wird Kerbel traditionell für Frühjahrskuren empfohlen, um den Stoffwechsel anzuregen. Auch eine appetitanregende Wirkung ist heute nachgewiesen.

Frisch gepresster Kerbelsaft wurde früher als Stärkungsmittel eingesetzt. Man sagt ihm auch eine Wirkung gegen Hautentzündungen nach. Auch bei Verdauungsproblemen und bei Bluthochdruck ist Kerbel ein beliebtes Heilmittel.

Auf einen Blick

Kerbel

- regt den Appetit an
- beruhigt den Magen
- unterstützt die Entwässerung und Entschlackung
- fördert die Verdauung

KERBEL

SEETEUFEL MIT GEMÜSEJULIENNE UND KERBELVINAIGRETTE

Zutaten für vier Personen

400 g Seeteufel
2 Karotten
1 Stange Lauch
1 Zucchino
100 g Pfifferlinge
Kerbel
Petersilie
1 Bund Löwenzahn
Spinatblätter

Kerbelvinaigrette
20 ml weißer Balsamico-Essig
Salz, Pfeffer
60 ml Mazola-Öl
1 EL geschnittener Kerbel
1 TL reduzierter Noilly Prat

ZUBEREITUNG

Den geputzten Seeteufel in 12 Medaillons schneiden und kalt stellen.

Die Pfifferlinge putzen und in Scheiben schneiden. Die Karotten, den Zucchino und den Lauch in breite Streifen schneiden und abkochen.

Den Löwenzahn, die Spinatblätter und den Kerbel waschen.

Für das Dressing den Balsamico-Essig, Salz und Pfeffer mit dem Mazola-Öl vermischen und mit dem gehackten Kerbel verfeinern.

Den Seeteufel salzen und ca. 3 Minuten dämpfen. In der Zwischenzeit die Gemüsejulienne und den Salat mit den Pfifferlingen marinieren.

Die marinierten Gemüse auf dem Teller flach verteilen und den Seeteufel darauf setzen. Anschließend die Kerbelvinaigrette dazu geben und mit Kräutern und Salat garnieren.

GESCHICHTE UND HERKUNFT

> Lavendel (Lavandula angustifolia) stammt aus dem westlichen Mittelmeergebiet. Der Name ist vom lateinischen »lavare« abgeleitet, was so viel bedeutet wie »waschen«, und bezieht sich auf die Verwendung des Lavendels in Badeessenzen und -ölen. Denn im alten Rom setzten Patrizier und vornehme Stadtbewohner ihrem Badewasser Lavendelkraut zu, erfreuten sich an seinem Duft und genossen die entspannende und kreislaufstärkende Wirkung.

Nach Deutschland dürfte die wohlriechende Gewürzpflanze im späten Mittelalter gelangt sein. Wie andere stark riechende Heilkräuter auch spielte der Lavendel im Aberglauben eine gewisse Rolle. Er galt als dämonenabwehrendes Mittel und Pflanze mit magischen Kräften.

VORKOMMEN

> Heute wird die Pflanze, die bis zu 60 Zentimeter hoch wird und zur Familie der Lippenblütler zählt, überall in Europa angebaut. Wild wächst Lavendel vor allem in den Mittelmeerländern. Sie benötigt einen lockeren, trockenen und kalkreichen Boden und viel Sonne.

VERWENDUNG

> Verwendet werden die Blüten und in geringerem Umfang auch die Blätter des mehrjährigen Halbstrauches. Lavendel ist als Gewürz nicht allzu weit verbreitet, typisch ist er vor allem für die mediterrane Küche als Gewürz von süßen und salzigen Speisen. Sie sind zum Beispiel Bestandteil der Kräuter der Provence. Lavendelblätter verfeinern Fleischspeisen, zum Beispiel geschmacksintensiven Hammel, Fischgerichte und Eintöpfe, eignen sich aber auch für Süßspeisen. Die Triebspitzen und Blätter sollte man nur sparsam verwenden, da Lavendel eine starke Würzkraft hat. Oft verwendet man ihn mit Bohnenkraut, Dill und Salbei in Kräuterbutter, aber auch in Fischsuppen oder zum Räuchern mit Wacholder zusammen. Lavendelblätter zum Grillen gebraucht, geben dem Fleisch einen besonderen Geschmack.

Lavendelkissen zwischen die Wäsche gelegt, sollen vor Motten schützen. Blüten werden für Tees und Badezusätze verwendet.

LAVENDEL

DIE WIRKUNG AUF IHRE GESUNDHEIT

> Das ätherische Öl des Lavendel ist reich an Linalylacetat und Linalool. Weitere wichtige Inhaltsstoffe sind Gerbstoffe, Flavonoide, Phytosterole und Cumarin. Zubereitungen aus Lavendelblüten oder Lavendelöl werden bei nervös bedingten Unruhezuständen und Einschlafstörungen empfohlen. Vor allem Linalool und Linalylacetat wird eine beruhigende Wirkung zugesprochen. Mischungen mit Lavendel sollen das Einschlafen fördern, wobei häufig ein Bad, nicht der Tee empfohlen wird. Beliebt sind in diesem Zusammenhang Schlafkissenfüllungen aus Lavendel, oft gemischt mit Hopfen und Melisse. Ein Lavendel-Bad tut auch Hypotonikern, also Menschen mit zu niedrigem Blutdruck, gut und stabilisiert den Kreislauf.

Linalool besitzt zusätzlich eine hemmende Wirkung auf das Wachstum einiger Bakterien und Pilze. Die Pflanze wird ebenfalls zur Behandlung von nervösem Reizmagen oder Blähungen im Oberbauch eingesetzt. Die Gerbstoffe haben darüber hinaus eine leicht verstopfende Wirkung bei Durchfällen und regen die Stoffwechseltätigkeit an.

Lavendel tut aber auch der Haut gut: Narben können mit Lavendelöl genauso behandelt werden wie Insektenstiche, Sonnenbrand oder andere Hautirritationen. Und darüber hinaus hat der Geruch ätherischer Lavendelöle noch einen sehr angenehmen Zusatznutzen: Er vertreibt lästige Insekten.

Auf einen Blick

Lavendel

- ist nervenberuhigend und entspannend
- wirkt schlaffördernd
- lindert Blähungen
- beruhigt bei nervösen Magen-Darm-Störungen
- stabilisiert den Kreislauf

LAVENDEL

LAVENDELEIS MIT BIRNEN UND HIMBEEREN

Zutaten für vier Personen

Lavendeleis
500 ml Milch
100 ml Sahne
15 g Lavendelblüten
10 Eigelb
200 g Zucker

5 frische Birnen

Pochierfond für die Birnen
1 l Wasser
500 ml Weißwein
1 Nelke
$^1/_2$ Zimtstange
$^1/_2$ Vanilleschote
500 g Zucker

Karamellsauce
125 g Zucker
50 g Butter
200 ml Sahne
1 Eigelb
50 ml Milch

ZUBEREITUNG

Milch und Sahne aufkochen und Lavendelblüten dazugeben. Etwa 10 Minuten ziehen lassen. Eigelb und Zucker über einem Wasserbad schaumig schlagen und durchgesiebte Lavendelmilch hinzufügen. Die Masse langsam mit einem Holzlöffel rühren, bis sie anfängt zu stocken. Wenn die Masse den Rücken des Holzlöffels überzieht und man darauf bläst, muss eine Rose entstehen (»zur Rose abziehen«). Auf Eis kalt rühren und in der Eismaschine frieren.

Alle Zutaten für den Pochierfond aufkochen und 5 geschälte Birnen darin weich garen.

Zucker und Butter in einer Kasserolle langsam karamellisieren. Die Sahne nach und nach einrühren und aufkochen. Sauce abkühlen lassen, bis sie lauwarm ist, und dann mit dem Eigelb und der Milch im Mixer aufschlagen.

LAVENDELEIS MIT EINGELEGTEN SCHWARZEN NÜSSEN

ZUBEREITUNG

Die Nüsse mehrmals mit einer Gabel einstechen und in kaltem Wasser 14 Tage lagern (Wasser täglich wechseln). Durch das Wasser oxidieren die Nüsse und werden schwarz. Sie müssen dann einmal kurz abgekocht werden, bevor die Weiterverarbeitung erfolgt. Dazu Wasser, Zucker, Zitronensaft und Gewürze ca. 30 Minuten leicht aufkochen lassen, bis ein Sirup entsteht. Anschließend die Nüsse beigeben und im Sirup 2–3 Stunden weich kochen. Die Nüsse können in sterilisierte Gläser abgefüllt und im Kühlschrank gelagert werden.

Milch und Sahne aufkochen und Lavendelblüten dazugeben. Etwa 10 Minuten ziehen lassen.

Eigelb und Zucker über einem Wasserbad schaumig schlagen und durchgesiebte Lavendelmilch hinzufügen. Die Masse langsam mit einem Holzlöffel rühren, bis sie anfängt zu stocken. Wenn die Masse den Rücken des Holzlöffels überzieht und man darauf bläst, muss eine Rose entstehen (»zur Rose abziehen«). Auf Eis kalt rühren und in der Eismaschine frieren.

Die Nüsse in dünne Scheiben schneiden und flach auf den Teller legen. Das Lavendeleis zu Nocken abstechen und darauf setzen. Mit Lavendel und Minze garnieren.

Zutaten für vier Personen

500 ml Milch
100 ml Sahne
15 g Lavendelblüten
10 Eigelb
200 g Zucker

Schwarze Nüsse
20 grüne Walnüsse (ungereift)
4 Gewürznelken
$^1/_2$ Zimtstange
200 g Zucker
1 Zitrone
250 ml Wasser
1 Vanilleschote
1 Sternanis

GESCHICHTE UND HERKUNFT

> Die Linde (Tilia) stammt aus Europa und gehört zur Familie der Lindengewächse (Tiliaceae).

Sie gehört mit zu den ältesten Bäumen in unseren Breiten und gilt als Schutz- und Familienbaum. Der Linde wurde traditionell nachgesagt, dass sie Glück und Gesundheit beschert. Viele Dörfer hatten früher eine Dorflinde, die das Zentrum bildete und ein wichtiger Kommunikationsort war. Noch heute weisen auch viele Familien- und Ortsnamen auf die Linden hin. Für die Germanen war die Linde auch Gerichtsbaum, unter dem Thing-Versammlungen und Gerichtssitzungen stattfanden.

In Sagen wird die Linde oft im Zusammenhang mit Feen, Elfen und Drachen erwähnt. Nach der skandinavischen Edda lebte der Drache Fafnir neunzig Jahre lang in einer Linde, bis Sigurd (in den deutschen Heldensagen Siegfried) den Drachen tötete und in seinem Blut badete. Während des Bades fällt ihm ein Lindenblatt auf die Schultern. Durch das Blut des Drachens wird er unverwundbar, nur an der Stelle, wo das Lindenblatt lag, blieb seine Haut durchlässig. Dies wird ihm später zum Verhängnis. Auch das altdeutsche Wort »Lindwurm« stellt eine Verbindung zwischen der Linde und den Drachen her.

Nach der griechischen Sage soll die Linde eng mit der Philyra, einem Geistwesen, verbunden sein. Als Hermes und Zeus über die Erde wanderten, gewährte ihnen Philemon und Baucis Herberge und Unterkunft. Da dieses Ehepaar auch nach ihrem Tod nicht getrennt sein wollte, erfüllten ihnen die Götter einen Wunsch. Baucis verwandelte sich in eine Linde und Philemon wurde zur Eiche. Eng umschlungen sollen die beiden Bäume noch Jahrhunderte lang das Dach des Tempels wie Säulen getragen haben.

In vielen Überlieferungen gilt die Linde als Wohnsitz der altskandinavisch-germanischen Liebes- und Muttergöttin Freya. In der Zeit des Christentums sind aus den zahlreichen Freya-Linden die Maria-Linden geworden.

Auch als Heilmittel hatte die Linde traditionell eine große Bedeutung. Hildegard von Bingen empfahl, zum Schlafen im Sommer frische Lindenblätter auf die Augen und das ganze Gesicht zu legen. Dadurch würden sich die Augen klären und reinigen.

VORKOMMEN

> Der bis zu 25 Meter hohe Baum ist überall in der nördlichen gemäßigten Zone verbreitet. In Mitteleuropa sind nur zwei Lindenarten heimisch, die Winterlinde, Tilia cordata, und die Sommerlinde, Tilia platyphyllos. Die Linde wächst in Laubwäldern, als Straßen-, Dorf- und Solitärbaum.

LINDE

VERWENDUNG

> Medizinisch verwendet werden vor allem die Blüten sowohl der Winter- wie der Sommerlinde, seltener die Rinde. Die jungen Blätter der Linde gelten als Delikatesse in verschiedenen Zubereitungen, unter anderem populär sind sie als Salat, in Suppen oder als Pesto.

DIE WIRKUNG AUF IHRE GESUNDHEIT

> Lindenblüten haben einen hohen Gehalt an Flavonoiden, Gerb- und Schleimstoffen. Die ätherischen Öle wie Linalool, Geraniol und Cineol bekämpfen wirksam Atemwegskatarrhe und Reizhusten, weshalb Lindenblütentee traditionell als ein hervorragendes Erkältungsmittel gilt. Dazu kommt seine fiebersenkende Wirkung. Bäderzusätze mit Lindenblüten sollen beruhigend und entspannend wirken. Aber auch bei Bluthochdruck finden die Blüten der Linde Anwendung.

Auch die Blätter des Lindenbaums enthalten entsprechende Flavonoide, Gerbstoffe und Schleimstoffe und haben ebenso ihre fiebersenkende Wirkung bewiesen. Die Flavonoide dürften eine gewisse beruhigende und stressabbauende Wirkung entfalten und unterstützen das Immunsystem. Aufgüsse aus Blüten und Blättern geltend als beruhigend bei Krämpfen und entschlackend.

Auf einen Blick

Lindenblüten und -blätter

- lindern Husten
- senken Fieber
- wirken entwässernd und entschlackend
- unterstützen das Immunsystem
- wirken beruhigend, entspannend und schlaffördernd
- helfen beim Stressabbau

LINDE

LINDENBAUMBLÄTTERSALAT MIT REHKITZFILET UND KIRSCHEN

Zutaten für vier Personen

8 Rehkitzfilets
Salz
Butter
80 g Lindenbaumblätter
2 Karotten
1 Sellerie

Kirschsud
150 g Herzkirschen
1 TL Zucker
70 ml Rotwein
70 ml Portwein
60 ml Cassispüree

Vinaigrette
5 EL Öl
1 TL Sherry-Essig
1 EL weißer Balsamico-Essig
Salz
Pfeffer aus der Mühle
1 TL reduzierter Noilly Prat
1 EL Wasser

ZUBEREITUNG

Die Kirschen entkernen und den Zucker leicht karamellisieren. Mit Rot- und Portwein ablöschen, Cassispüree dazu geben und um die Hälfte reduzieren. Kirschen dazu geben und die Masse erkalten lassen.

Die Rehkitzfilets salzen, in Butter leicht anbraten, ohne dass sie dabei Farbe annehmen. Dann bei 80 °C im Rohr rosa garen. Etwas ruhen lassen und dann der Länge nach schneiden.

Die Karotten und den Sellerie schälen und in 1,5 mm dicke Scheiben schneiden. Dann in feine Stifte (Julienne) schneiden. Anschließend die Lindenbaumblätter und die Gemüsejulienne mit der Vinaigrette marinieren. Mit dem Rehkitzfilet anrichten und ein paar Kirschen mit Sud darauf verteilen.

GESCHICHTE UND HERKUNFT

> Der Mangobaum (Mangifera indica), der bis zu 30 Metern hoch und einige hundert Jahre alt werden kann, stammt ursprünglich aus Süd- und Südostasien.

Häufig wird Indien als das Ursprungsland der Pflanze, die zur Familie der Sumachgewächse gehört, genannt. Dort hat man den Baum jedenfalls vielen Quellen zufolge bereits vor 4 000 Jahren gezüchtet, auch heute finden sich wild wachsende Mangobäume nur in Indien und Burma. In den hinduistischen Versen wird die Mango als »Gottesspeise« bezeichnet. Nicht nur für Hindus hat die süße Frucht bis heute auch religiöse Bedeutung, sondern ebenso für Buddhisten. Buddha soll gerne im Schatten eines Mangobaumes geruht haben, denn dieser galt als Symbol für Kraft und Stärke.

Portugiesische Seefahrer sollen die Mango von Südostasien nach Afrika und von dort nach Brasilien gebracht haben. Gegen Ende des 19. Jahrhunderts wurde sie erstmals in Kalifornien angebaut.

VORKOMMEN

> Die Mango gilt ihrer weiten Verbreitung wegen als »Apfel der Tropen«. Das natürliche Verbreitungsgebiet der immergrünen Frucht reicht etwa von Indien bis Burma. Heute gibt es Mango-Bäume aber auch in Brasilien, Pakistan, Mexiko, Kenia und auf Madagaskar. In Europa werden sie vor allem in Spanien angepflanzt, u. a. an der Costa del Sol. Ihre Wurzeln reichen so tief in den Boden, dass sie sich von dort besonders viele Mineralstoffe und Spurenelemente holen.

VERWENDUNG

> Die Mango gilt als eine der beliebtesten tropischen Früchte. Verwendet werden sowohl die reife Frucht, als auch – als Gewürz – die unreife getrocknete Frucht. Das bemerkenswerte Gewürz wird in der indischen Küche viel verwendet, vor allem für vegetarische Gerichte, aber auch in Gewürz-Mischungen für gegrilltes Fleisch. Der süßsaure Geschmack der reifen Frucht wird in der gesamten ostasiatischen Küche geschätzt. Reife Mangos können wie fast alle anderen Früchte zu

MANGOBAUM

Kompotten, Marmeladen und Torten verarbeitet werden, sie sind aber durchaus auch mit pikanten Geschmacksrichtungen verträglich.

Der Reifegrad ist an der Farbe der Früchte nicht zu erkennen. Erst wenn die Frucht intensiv duftet und die Schale auf leichten Fingerdruck nachgibt, ist sie reif. Auch kleine dunkle Flecke sind ein Zeichen für Reife. Wenn sie diese Reifezeichen noch nicht haben, sollte man die Früchte bei Zimmertemperatur noch etwas nachreifen lassen.

DIE WIRKUNG AUF IHRE GESUNDHEIT

> Mango-Früchte sind reich an lebenswichtigen Stoffen. Sie liefern uns, wie sich schon an der leuchtend gelben Farbe erkennen lässt, reichlich Karotinoide, insbesondere Betakarotin. Aus diesem bildet der Körper Vitamin A, ein Vorgang, durch den unter anderem die Haut vor den schädlichen Auswirkungen von Sonnenbestrahlung geschützt wie auch die Sehkraft gestärkt wird.

Mangos enthalten auch viel Vitamin C, das Allround-Vitamin, welches insbesondere das Immunsystem stärkt.

Mangos sind reich an Vitamin E, das uns jung erhält, und enthalten reichlich von den Vitaminen B_3, B_5 und B_6. Dadurch kann diese exotische Frucht die Nerven stärken und wirkt Stress abbauend. Die B-Vitamine sorgen aber auch dafür, dass Fleisch-Eiweiß schneller und besser verdaut und verarbeitet werden kann. Daher ist es für die Verdauungsunterstützung sinnvoll, zu einer Fleischmahlzeit eine Mango zu essen, oder danach als Dessert. Mangos sind auch gut geeignet für säure- und magenempfindliche Menschen.

Auf einen Blick

Mangos

- stärken das Immunsystem
- schützen die Haut
- stärken das Sehvermögen
- wirken beruhigend
- unterstützen die Verdauung

MANGOBAUM

MANGO MIT PISTAZIENEIS

Zutaten für zehn Portionen

250 ml Sahne
250 ml Milch
6 Eigelb
120 g Zucker
1 EL Pistazienmark
2 cl Grand Marnier
3 vollreife Mangos

Mangopüree
1 Mango
1 EL Zucker
1 Zitrone

ZUBEREITUNG

Sahne und Milch zusammen aufkochen und mit dem Eigelb und dem Zucker verrühren. Die Masse langsam mit einem Holzlöffel rühren, bis sie anfängt zu stocken. Wenn die Masse den Rücken des Holzlöffels überzieht und man darauf bläst, muss eine Rose entstehen (»zur Rose abziehen«). Pistazienmark und Grand Marnier dazu geben und auf Eis kalt rühren. Die Masse im Eisfach, der Kühltruhe oder Eismaschine frieren.

Mangos schälen, entkernen, in Spalten und Würfel schneiden.

Für das Mangopüree alle Zutaten zusammen gut mixen und durchsieben. Das Eis auf dem Mangopüree anrichten und mit Mangowürfeln, Mangospalten und Minze garnieren.

MANGOBAUM

MANGOSCHALOTTE MIT KOKOSNUSSEIS

Zutaten für acht Portionen

150 g Quark
130 g Joghurt
100 ml Kokosmilch
Kokosnusssirup
Zitronensaft
3 vollreife Mangos
etwas Kartoffelstärke
2 EL Kokostara

Mangosauce zum Marinieren der Mango

2 vollreife Mangos
1 EL Zucker
1 Zitrone

Mangoschalotte

3 Mango
300 g Mangosoße
3 Eiweiß
30 g Zucker
1 Limone (Abrieb)
2 Zitronen (Abrieb)
3 Blatt Gelatine
200 g geschlagene Sahne

ZUBEREITUNG

Kartoffelstärke mit ca. 20 ml Kokosmilch anrühren. Die restliche Milch aufkochen lassen und mit Stärke abbinden. Quark und Joghurt dazugeben und mit Kokossirup und Zitronensaft verrühren. Die Masse mit der Eismaschine oder im Gefrierfach frieren.

Für die Mangosauce die Mangos schälen und in Stücke schneiden. Im Mixer mit Zucker und Zitronensaft mixen und durch ein Sieb geben.

Gelatine in kaltem Wasser einweichen. Etwas Mangosauce erwärmen und die Gelatine darin auflösen. Das Eiweiß und den Zucker steif schlagen, dass Mangopüree, den Zitronen- und Limonenabrieb sowie die gelöste Gelatine hinzugeben. Danach die geschlagene Sahne unterheben. Dünn geschnittene Mango in Förmchen auslegen und später die Mousse einfüllen. Dann 2 Stunden kalt stellen.

Nach Belieben anrichten.

GESCHICHTE UND HERKUNFT

> Der Meerrettich (Armoracia rusticana) stammt ursprünglich aus dem Wolga-Gebiet und dürfte bereits im Mittelalter nach Mittel- und Westeuropa verbreitet worden sein. Bereits 1 000 Jahre vor unserer Zeitrechnung soll Meerrettich von den Griechen verwendet worden sein. Das Orakel von Delphi, so heißt es, hätte dem Meerrettich besonderen Wert zugeschrieben: Radieschen seien ihr Gewicht in Blei wert, Rettich in Silber, Meerrettich aber sei in Gold aufzuwiegen.

Auch später war die scharfe Wurzel beliebt: Hildegard von Bingen etwa spielte auf die angeblich liebesfördernde Wirkung des Meerrettichs an und empfahl ihn als ein Heilmittel gegen »Herzweh«.

Der jüdische Arzt Maimonides nannte Rettichöl im 12. Jahrhundert als ein potenzförderndes Mittel. Im 19. Jahrhundert kam dann die Empfehlung, die Wurzel wegen ihrer angeblich erregenden Kraft als liebesförderndes Mittel zu verwenden, wieder in Mode.

VORKOMMEN

> Heute wird die robuste Pflanze mit ihren großen Blättern und der langen Pfahlwurzel, die wie Rettich, Radieschen, Kohlarten und Senf zur Familie der Kreuzblütler gehört, weltweit angebaut. Ihre starke Wurzelbildung ist auffallend, hat sie einmal Fuß gefasst, ist sie kaum noch auszurotten.

VERWENDUNG

> Verwendet wird die fleischig scharfe Wurzel, die getrocknet oder frisch als Gewürz ebenso wie für medizinische Zwecke verwendet wird. Beliebt ist roh geriebener Meerrettich unter anderem zum Verfeinern von Saucen, Fleisch- und Fischgerichten, zu Eier- und Quarkspeisen oder zur Bereitung von Meerrettichsenf. Es gibt verschiedene Möglichkeiten, die zu Tränen reizende Schärfe der frischen Wurzel zu mildern, zum Beispiel dadurch, dass man einen Apfel dazureibt.

MEERRETTICH

DIE WIRKUNG AUF IHRE GESUNDHEIT

> Das im Meerrettich enthaltene schwefelhaltige Senföl, das für den speziellen Geruch und die Schärfe der Wurzel verantwortlich ist, wirkt nicht nur verdauungsfördernd und entwässernd, sondern auch antibakteriell und fördert die Durchblutung. Es kann aber auch bei Leber- und Gallenerkrankungen hilfreich sein.

Unter anderem wird Meerrettich bei Erkältungskrankheiten und zur unterstützenden Behandlung von Harnwegsinfektionen empfohlen und soll auch eine fiebersenkende Wirkung haben.

Meerrettich enthält viel Vitamin C und B_1, Enzyme und Flavonoide. Sein Vitamin C-Gehalt ist doppelt so hoch wie der einer Zitrone, das macht Meerrettich zu einem hervorragenden Unterstützer des Immunsystems. Die Flavonoide sind potente Radikalfänger. Darunter versteht man die Fähigkeit, die gefährlichen freien Sauerstoffradikale unschädlich zu machen.

Darüber hinaus ist Meerrettich verdauungsfördernd und regt den Appetit an.

Auf einen Blick

Meerrettich

- fördert die Verdauung
- wirkt entwässernd und entschlackend
- ist bakterienhemmend
- stärkt das Immunsystem
- wirkt antioxidativ

MEERRETTICH

ROTE BETE MIT WACHTELEI UND MEERRETTICH

Zutaten für 4 Personen

4 Knollen rote Beete
2 EL Butter
2 EL Rotwein-Essig
1 EL Himbeer-Essig
50 ml Geflügelfond
1 Stange Meerrettich
12 Wachteleier
1 Bund Blattpetersilie

ZUBEREITUNG

Die rote Bete in Salzwasser kochen, anschließend herausnehmen, schälen und abkühlen lassen. Danach in gleichmäßige Streifen schneiden und in Butter ansautieren. Mit Rotwein- und Himbeer-Essig ablöschen und den Geflügelfond dazugeben. Etwas köcheln lassen und gegebenenfalls noch einmal abschmecken. Die Wachteleier öffnen und in Essigwasser pochieren, bis sie wachsweich sind. Dann herausnehmen.

Die warme Rote Bete mit Saft auf den Tellern anrichten, mit Blattpetersilie und Wachteleiern belegen und mit frisch geriebenem Meerrettich bestreuen.

MEERRETTICH

LACHS IN DER MEERRETTICHKRUSTE

Zutaten für vier Personen

400 g Lachs
1 Stange Meerrettich
250 g Butter
200 g Mie de pain (fein geriebenes Brot ohne Rinde)
2 Eier
2 Eigelb
Salz, Pfeffer
100 ml Sauerrahm
1 Zitrone
1 große Kartoffel
1 Gartengurke
Salz

ZUBEREITUNG

Den Lachs portionieren, würzen und im Dämpfer garen.

Die temperierte Butter mit dem Rührgerät schaumig schlagen, würzen und den geriebenen Meerrettich hinzugeben. Die Eier nach und nach dazu geben und am Schluss das Mie de pain einrühren.

Den glasigen Lachs aus dem Dämpfer nehmen und mit der fertigen Kruste bestreichen. Unter dem Grill goldgelb überbacken.

Die Kartoffeln und die Gurke schälen und in kleine Würfel schneiden. Die Kartoffelwürfel abkochen.

Den Sauerrahm mit Salz und Zitronensaft abschmecken.

Den Sauerrahm auf dem Teller anrichten, den Lachs darauf legen und mit Kartoffel- und Gurkenwürfeln sowie dem Dill garnieren.

GESCHICHTE UND HERKUNFT

> Der Anbau des Ölbaums (Olea europea), der ein sehr hohes Alter erreichen kann, ist im östlichen Mittelmeergebiet seit mehr als sieben Jahrtausenden nachgewiesen. Damit ist er zweifellos einer der ältesten Kulturpflanzen. Er galt von alters her als Symbol für den Frieden, aber auch als Baum, der die Weisheit der Götter symbolisierte. Bis heute wird er in manchen Gegenden als Lebensbaum verehrt. Das Olivenöl hatte sowohl für die griechische als auch die römische Kultur eine so große Bedeutung, dass der lateinische Begriff oleum – auf deutsch Öl – in fast alle europäischen Sprachen als Gattungsbegriff für flüssige Fette eindrang.

Bereits in der Bibel sind zahlreiche Hinweise auf medizinische Anwendungen von Olivenöl zu finden. Es wurde beispielsweise für die Körperpflege ebenso verwendet wie für die Herstellung von Heilsalben oder Pasten. Aber auch Ramses II., der im 13. vorchristlichen Jahrhundert in Ägypten herrschte, soll der Überlieferung nach gegen jede Art von Beschwerden Olivenöl eingenommen haben.

VORKOMMEN

> Oliven werden heute im ganzen Mittelmeerraum bis zum Iran und über den Kaukasus hinaus angebaut – mit Italien an der Spitze. Sie stellen in allen mediterranen Ländern einen wesentlichen und äußerst gesunden Bestandteil der Ernährung dar, aber auch einen wichtigen Wirtschaftsfaktor für den Export. Denn auch in vielen Ländern Mittel- und Nordeuropas oder in Nordamerika ist Olivenöl heute viel populärer und weiter verbreitet als noch vor einigen Jahrzehnten.

VERWENDUNG

> Verwendet wird vor allem die Frucht des Ölbaums, die unreif zartgrün und reif schwarzviolett gefärbt ist. Die meisten Olivenfrüchte – nach Schätzungen etwa 90 Prozent – werden zur Herstellung von Olivenöl geerntet, ein kleinerer Teil gelangt in eingesalzener oder eingelegter Form in den Handel. Für medizinische Zwecke benutzt man auch die Blätter des Ölbaumes.

Beim Olivenöl gibt es unterschiedliche Qualitätsstufen: Natives Olivenöl extra sollte eigentlich nur für kalte Speisen verwendet werden, da die Aromastoffe beim Erhitzen verloren gehen. Das von vorneherein aromaärmere native Olivenöl ist dagegen zum vorsichtigen Braten geeignet. Kaltgepresstes Olivenöl gibt den Speisen Südeuropas, Westasiens und Nordafrikas viel von ihrem typischen Geschmack. Man verwendet es unter anderem für Salate und Gewürzpasten. Italienische Pasta verklebt nicht, wenn man sie mit etwas Olivenöl kocht, und ihr Geschmack verbessert sich, wenn sie nach dem Kochen in etwas Olivenöl geschwenkt wird. Alltägliche Gerichte wie gebratenes Gemüse gewinnen durch Verwendung von Olivenöl einen typisch mediterranen Charakter.

DIE WIRKUNG AUF IHRE GESUNDHEIT

> Die moderne Forschung hat im Olivenöl etwa 1 000 aktive Wirkstoffe identifiziert. Seine typisch grünlich-gelbe Farbe ist durch eine Mischung verschiedener gelbgefärbter Carotinoide und grünlicher Porphyrinfarbstoffe wie Chlorophyll bedingt. In erster Linie besteht das Öl aus Glyzeriden der Ölsäure und anderen Fettsäuren, vor allem aus einfach ungesättigten Fettsäuren, die unter anderem dadurch Herzerkrankungen vorbeugen sollen, dass sie den Cholesterinspiegel effizient senken. Eine Reihe von Untersuchungen haben gezeigt, dass Olivenöl dazu beiträgt, den Spiegel des LDL-Cholesterin zu senken und gleichzeitig die Werte des »guten« HDL-Cholesterins zu erhöhen. Außerdem enthält Olivenöl auch Omega-6- und Omega-3-Fettsäuren, die für die Funktionsfähigkeit der Zellwände eine besonders wichtige Rolle spielen.

Ein oder zwei Esslöffel Olivenöl, abends vor dem Schlafengehen oder morgens auf nüchternen Magen, gelten als hervorragendes Hausmittel gegen Verstopfung. Dies wohl auch deshalb, weil hochwertiges Olivenöl aufgrund seiner Zusammensetzung von der Verdauung besonders leicht aufzuspalten ist. Ebenso ist es ein hervorragendes Mittel zur Anregung des Gallenflusses.

In den Blättern des Olivenbaums sind Secoiridoide und Flavonoide enthalten. Die Secoiridoide dürften für die blutdrucksenkende Wirkung von Blättern des Ölbaums verantwortlich sein.

Auf einen Blick

Oliven und Olivenöl

- senken den Cholesterinspiegel
- verdünnen das Blut
- regen die Verdauung an
- unterstützen Leber und Galle

ÖLBAUM

BROCCOLI MIT VINAIGRETTE AN SCHWARZEN OLIVEN UND SCHÄLNÜSSEN

Zutaten für vier Personen

200 g geputzter Broccoli
100 g schwarze Oliven
50 g geschälte Walnüsse

Vinaigrette
2 EL Öl
5 EL Olivenöl
2 EL Rotwein-Essig
2 EL Balsamico-Essig
Salz
Pfeffer aus der Mühle
1 EL reduzierten Noilly Prat

ZUBEREITUNG

Die Broccoliröschen in gut gesalzenem Wasser nicht zu weich kochen.

Für die Vinaigrette alle Zutaten gut vermischen.

10 Oliven halbieren, den Rest fein hacken und in die Vinaigrette geben.

Den noch warmen Broccoli auf die Teller geben, die halbierten Oliven und die geschälten Walnüsse darunter geben und mit der Olivenvinaigrette beträufeln.

GESCHICHTE UND HERKUNFT

> Der Orangenbaum (Citrus sinensis) aus der Familie der Rautengewächse ist ein immergrüner, bis etwa acht Meter hoch wachsender Baum mit runder Krone, der ursprünglich aus China stammt. Die stark duftenden Blüten des Orangenbaums galten in der Antike unter anderem als Symbol der Reinheit und wurden für den Blumenkranz junger Bräute verwendet. Orangenbäume wuchsen im frühen Ägypten und in Persien. Alexander der Große lernte die Orangen auf seinen Feldzügen nach Asien kennen. In Rom, Pompeji und Sizilien schmückten kleine Orangenbäume Hallen und Gärten. Kolumbus wird es zugeschrieben, die ersten Orangensamen 1493 während seiner zweiten Atlantiküberquerung in die »Neue Welt« gebracht zu haben.

VORKOMMEN

> Heute werden Orangen im Mittelmeerraum und den meisten subtropischen Gebieten kultiviert. Orangenbäume verlangen für eine gute Ernte warmen Sonnenschein von über 30 Grad während vieler Monate, brauchen genügend Wasser und gedeihen am besten auf lockeren Böden mit erhöhtem Kalk und Stickstoffgehalt.

Brasilien ist heute das führende Anbauland für Orangen, gefolgt von den USA. Die beiden Länder ernten über die Hälfte der Weltproduktion. Weitere wichtige Orangenlieferanten sind Mexiko, China, Spanien, Indien, Italien, der Iran, Ägypten, Pakistan, Griechenland, Portugal und die Türkei.

VERWENDUNG

> Die Orange ist eine der wichtigsten Obstsorten der Welt. Der Großteil wird zu Saft verarbeitet, der reich an erfrischenden Säuren und Vitaminen ist. Aber auch für den Frischverzehr, Konserven und Marmelade ist die Orange von Bedeutung. Die Schale nützt man zum Kandieren und Herstellen von Aromastoffen. In der Kosmetik wird das Blütenwachs verwendet, das als kostbar gilt: Kein Wunder, denn für 100 Gramm reines Orangenblütenwachs werden mehr als 1 200 Blüten benötigt.

ORANGE

DIE WIRKUNG AUF IHRE GESUNDHEIT

> Das Fruchtfleisch der Orange ist reich an Vitamin C, B-Vitaminen, Vitamin A, Magnesium, Kalzium, Phosphor, Betakarotin und Bioflavonoiden, die das Vitamin C vor Oxidation schützen, Selen und Kalium und an den Pflanzenstoffen Hesperidin und Limonin. Die von der weißen Schicht befreite Schale und das daraus gewonnene ätherische Öl enthalten die bitter schmeckenden Limonoide und Flavonoide.

Mit all diesen wertvollen Inhaltsstoffen gilt das schmackhafte Obst als regelrechtes Allroundtalent in Sachen Gesundheit. Besonders die ätherischen Öle der Orangenschale werden erfolgreich zur Behandlung von Verdauungsbeschwerden und Appetitlosigkeit eingesetzt. Der frisch gepresste Orangensaft, der allerdings in wenigen Stunden nach der Zubereitung einen hohen Prozentsatz seines Vitamins C verliert, ist leicht verdaulich. Aufgrund ihres hohen Hesperidingehalts soll die Orange nicht nur in der Lage sein, den Fettstoffwechsel günstig zu beeinflussen: Hesperidin ist auch Bestandteil von Venenmitteln und Virushemmern. Mit fast 70 Milligramm Vitamin C deckt eine Orange mehr als den Tagesbedarf an diesem wichtigen Vitamin, das unter anderem das Immunsystem stärkt. Außerdem soll die Frucht die Produktion von Nervenbotenstoffen, den so genannten Neurotransmittern, in Schwung bringen und sorgt damit für gute Stimmung. Eine Orange liefert außerdem viele wertvolle Ballaststoffe: Lösliche Fasern wie das Pektin quellen im Dünndarm auf und tragen damit zur Regulierung des Blutzucker- und Blutfettspiegels bei. Mehr als die Hälfte des Pektins einer Orange steckt übrigens in der weißen Haut zwischen Fruchtfleisch und Schale.

Den Orangenblüten schreibt die Volksmedizin traditionell eine beruhigende, verdauungsanregende und Kreislauf anregende Wirkung zu. Orangenblüten finden sich in vielen beruhigenden Teemischungen und Hustenteemischungen.

Auf einen Blick

Orangen

- stärken das Abwehrsystem
- fördern den Appetit und regen die Verdauung an
- wirken blutreinigend
- senken den Blutdruck
- wirken günstig auf den Blutfettspiegel

ORANGE

CLAIRE FONTAINE À L'ORANGE

Zutaten für vier Personen

3 große Orangen (süß, kernlos, mit dünner Schale, unbehandelt)

Sud:
400 ml Orangensaft
100 ml Wasser
60 g Zucker

Creme
4 Eigelb
70 g Zucker
4 Blatt Gelatine
50 g Grand Marnier
300 g geschlagene Sahne

Garnitur
Walderdbeeren

ZUBEREITUNG

Die Orangen mit Schale in ca. 2 mm dünne Scheiben schneiden. Am besten geht das mit einer elektrischen Aufschnittmaschine. Nur die schönen Scheiben in einem flachen Gefäß ausbreiten, den Rest auspressen und für den Sud mit verwenden.

Den Orangensaft mit Wasser und Zucker zum Kochen bringen und den Schaum abschöpfen. Den Sud sehr heiß über die Orangenscheiben gießen und diese einen halben Tag darin ziehen lassen. Falls die Scheiben dann noch nicht weich sind, muss der Sud nochmals passiert, erhitzt und wieder über die Orangen gegossen werden. Die Orangenscheiben gut abtropfen lassen und vier Portionsschälchen damit auslegen.

Die Eigelbe mit dem Zucker schaumig schlagen, die Gelatine ca. 5 Minuten in kaltem Wasser einweichen. Grand Marnier bei 50 °C leicht erwärmen und die in kaltes Wasser eingelegte und ausgedrückte Gelatine darin auflösen. Wieder abkühlen lassen und mit der geschlagenen Sahne unter den Eigelb-Schaum ziehen. Die Creme in die ausgekleideten Portionsschälchen füllen und zum Erstarren in den Kühlschrank stellen. Das dauert ca. 1 Stunde.

Heißes Wasser vorsichtig über die Außenseite der Schälchen laufen lassen und die »Claire Fontaine« auf große flache Teller stürzen. Mit 2–3 EL Sauce begießen und mit Walderdbeeren garnieren. Nach Belieben können als Garnitur auch Stücke von Angelika (Engelwurzel) und eine Rose aus Orangenschalen verwendet werden.

KANINCHENFILET MIT ORANGEN-ROSMARIN-SAUCE

ZUBEREITUNG

Die Kaninchenrücken auslösen, überflüssige Haut und Sehnen von den Filets abschneiden.

Den Orangensaft mit dem Rosmarinzweig sirupartig einreduzieren, dann mit Kalbsfond auffüllen und nochmals reduzieren, bis der Fond kräftig ist. Butter, Sahne, Salz und Pfeffer dazugeben, aufkochen lassen und mit dem Mixstab aufschäumen.

Die Orangen filetieren. Die Kaninchenfilets würzen und in der Pfanne von beiden Seiten anbraten.

Die Kaninchenfilets auf den vorgewärmten Teller legen, Orangenfilets in der heißen Sauce zugeben und diese dann über das Fleisch geben. Mit einem Rosmarinzweig garnieren.

Zutaten für vier Personen

4 Kaninchenrücken
2 Orangen
2 Zweige Rosmarin
500 ml Kalbsfond
100 ml Orangensaft
50 ml Sahne
30 g Butter
Salz
weißer Pfeffer

GESCHICHTE UND HERKUNFT

> Noch bis ins 18. Jahrhundert noch war der Pastinak (Pastinaca sativa), dessen Heimat irgendwo zwischen Kaukasus und Mittelmeer vermutet wird, in unseren Breiten ein wichtiges Grundnahrungsmittel, bevor er in dieser Eigenschaft von Kartoffel und Karotte verdrängt wurde.

Mit abnehmender Verbreitung gerieten auch langsam all die gesundheitsförderlichen Eigenschaften in Vergessenheit, die noch in mittelalterlichen Kräuterbüchern genannt wurden: Damals wurde Pastinak vielseitig medizinisch eingesetzt, unter anderem gegen Nieren- und Blasenleiden, Magenbeschwerden, Fieber oder Schlafstörungen. Pastinak galt auch als wichtiges »Liebesgemüse« – seiner angeblich potenzsteigernden Wirkung wegen.

VORKOMMEN

> Während der Pastinak in Mitteleuropa erst langsam wieder entdeckt wird, ist er in den USA schon länger ein beliebtes Wintergemüse. Auch in Großbritannien, Skandinavien und Frankreich wird die anspruchslose, wohlschmeckende Wurzel gern kultiviert.

VERWENDUNG

> Verwendet werden sowohl die Knolle – als Gemüse – als auch das Kraut und gelegentlich die Früchte des Pastinaks als Gewürze. Die zerriebenen Früchte schmecken besonders gut in Salatmischungen, eignen sich aber auch zum Einlegen von Kürbissen oder Gurken. Die Pastinakwurzel ist ein süßlich bis würzig schmeckendes Gemüse, das als Rohkost ebenso gut schmeckt wie gegart als Suppeneinlage, in Eintöpfen, als Gemüsebeilage oder als Basis für eine Gemüsecremesuppe. Die jungen Blätter sind, klein geschnitten, unter anderem gut geeignet zum Würzen für Salate und Suppen.

PASTINAK

DIE WIRKUNG AUF IHRE GESUNDHEIT

> Pastinak hat ein breites Repertoire an wertvollen Vitalstoffen anzubieten: Die Wurzel ist reich an Kalium und Folsäure, enthält die Vitamine A und C und Kalzium sowie Eisen. Eine ausreichende Versorgung mit Folsäure ist unter anderem wichtig für Zellteilung und die Blutbildung. Eine ausreichende Versorgung mit Eisen ist für den Körper besonders wichtig: Denn Eisen versorgt den Organismus mit Sauerstoff und ist Bestandteil des Blut- und Muskelfarbstoffes. Wer zu wenig Eisen aufnimmt, fühlt sich oft schlapp und müde.

Vitamin A fördert das Wachstum, stärkt das Immunsystem und hilft bei der Entwicklung von Zellen und Geweben mit. Das vielseitige Vitamin C steigert auch die Abwehrkräfte und stabilisiert die Gefäße. Beide Vitamine sind wichtige Antioxidanzien, schützen den Körper also vor den zellzerstörenden freien Radikalen. Diese entstehen bei vielen Stoffwechselvorgängen in unserem Körper, aber auch durch Umweltbelastungen. Jedes freie Radikal setzt eine Kettenreaktion in Gang, bei der weitere freie Radikale entstehen. Durch Antioxidanzien können freie Radikale neutralisiert und aus dem Organismus eliminiert werden. Blüten und Blätter werden in der Naturheilkunde als Mittel gegen Schlafstörungen empfohlen.

Auf einen Blick

Pastinak

- wirkt entwässernd und entschlackend
- fördert die Blutbildung
- wirkt kräftigend
- unterstützt das Immunsystem
- wirkt antioxidativ und schützt so die Zellen

PASTINAK

PASTINAKSUPPE MIT KASTANIEN

Zutaten für vier Personen

4–6 Pastinakwurzeln
2 EL Butter
500 ml Fond blanc (Kalbsknochenfond)
200 ml Sahne
reduzierter Weißwein
Meersalz
12 Kastanien

Garnitur
frittierte Pastinakchips
Petersilienblätter
rosa Pfeffer

ZUBEREITUNG

Die Kastanien in Kreuzform einschneiden und im Ofen bei 180 °C 45 Minuten garen, kurz abkühlen lassen und schälen.

Pastinakwurzeln schälen und grob zerkleinern. In Butter mit etwas Meersalz anschwitzen und dann im Fond blanc weich kochen. Danach die Sahne hinzufügen und nochmals aufkochen lassen, mixen, passieren und mit reduziertem Weißwein und Salz abschmecken. Vor dem Servieren mit dem Mixstab aufschäumen, die Kastanien als Einlage hinzugeben.

Am Schluss mit den frittierten Pastinakchips und dem rosa Pfeffer anrichten.

GESCHICHTE UND HERKUNFT

> Die Petersilie (Petroselinum crispum) ist das bekannteste Küchengewürz. Sie galt schon in der Antike als Wunder- und Heilkraut und hatte eine wichtige kultische Bedeutung. Im alten Griechenland wurde sie als heilige Pflanze betrachtet, bei Gastmählern war es üblich, Petersilienkränze zu tragen. Erfolgreiche Sportler wurden mit Siegerkränzen aus Petersilie geehrt. Die Römer glaubten, dass die Pflanze unter anderem vor Vergiftungen schützen könne und schätzten ihre verdauungsfördernde Wirkung. Von jeher stand die Petersilie auch im Ruf, ein hervorragendes Aphrodisiakum zu sein, im Mittelalter wurde sie daher vielen Liebestränken beigesetzt und war auch populärer Bestandteil der so genannten »Hexensalben«. Darüber hinaus galt sie aber auch bereits damals als Heilmittel, vor allem bei Nieren- und Blasenbeschwerden.

VORKOMMEN

> Die zweijährige Pflanze, die am besten auf nährstoffreichen Böden in feuchter, halbschattiger Lage gedeiht und zur Familie der Doldengewächse gehört, wird heute in vielen Ländern kultiviert, in Mitteleuropa, im Mittelmeerraum, aber auch in Russland, Indien und Nordamerika. Sie sollte in keinem Kräutergarten fehlen und lässt sich auch gut im Topf ziehen.

VERWENDUNG

> Verwendet werden sowohl die Blätter als auch die Wurzel der Petersilie, wobei heute glatte und krause Sorten angeboten werden. Die Wurzeln samt ihren Blättern sollten nicht welk oder schlaff sein. Frische Petersilie verbreitet einen sehr aromatischen Duft, wobei die glatte Sorte ein volleres Aroma entwickelt als die krause. Die Wurzel schmeckt süßlich und etwas scharf. Fein gehackte Petersilie wird als Teil von Kräutermischungen und Kräutersaucen, für Salate und Suppen verwendet. Ganze Zweige schmecken gut zu gegrilltem oder im Ofen gebratenem Fleisch. Beim Kochen verlieren die Petersilienblätter viel von ihrem Geruch und Geschmack, deshalb sollte man sie erst knapp vor dem Servieren den Speisen beigeben. Wurzelpetersilie wird als Bestandteil des Suppengrüns mitgekocht, schmeckt aber auch hervorragend als Gemüsebeilage, zum Beispiel als Püree.

PETERSILIE

DIE WIRKUNG AUF IHRE GESUNDHEIT

> Die Petersilienwurzel enthält viel ätherisches Öl, unter anderem Apiol, eine Substanz, der nicht nur eine leicht berauschende Wirkung nachgesagt wird, sondern die auch für die entwässernde und entschlackende Wirkung des beliebten Küchengemüses und -krauts verantwortlich ist. Das Petersilienkraut ist besonders reich an Vitamin C und Kalium, daneben enthält es wertvolle sekundäre Pfalzeninhaltsstoffe wie Flavonoide und Cumarine. Petersilie ist auch reich an den Vitaminen A, B_1, B_2 und E und enthält viel Magnesium und Eisen.

Von allen Gewürzkräutern enthält die Petersilie am meisten Vitamin C und hat einen besonders hohen Anteil an Betakarotin. Damit ist Petersilie wichtig für die Vorbeugung: Denn dass Vitamin C das Immunsystem stärkt, ist heute unbestritten. Dieses Allround-Vitamin bewahrt nicht nur andere Nährstoffe wie Vitamin A oder Vitamine des B-Komplexes vor der Zerstörung, es unterstützt auch die weißen Blutkörperchen und die so genannten Lymphozyten, die Abwehrspezialisten im Körper. Zu diesem Effekt tragen zusätzlich die Karotinoide bei, denn auch sie gelten als immunstimulierend und darüber hinaus sogar als Krebs vorbeugend. Die Vitamine A, C und E zählen zu den wichtigsten Antioxidanzien: Sie fangen die für die Zellen gefährlichen freien Radikale ab und schützen die ungesättigten Fettsäuren im Körper vor der oxidativen Zerstörung durch aggressive Sauerstoffmoleküle. Vitamin A und Betakarotin gelten auch als besonders wichtige Nährstoffe für die Gehirntätigkeit. Neben dieser wichtigen Rolle für die Immunstimulierung hat die Petersilie auch eine stark entwässernde und damit entschlackende Wirkung und eignet sich hervorragend zur Förderung der Durchspülung bei Harnwegsproblemen oder Nierengrieß. Die Inhaltsstoffe, sowohl des Krauts als auch der Wurzel, unterstützen überdies das Verdauungssystem in seiner Arbeit und machen somit auch schwere Speisen bekömmlicher.

Auf einen Blick

Petersilie

- unterstützt das Abwehrsystem
- regt den Appetit an
- regt das Verdauungssystem an
- wirkt entwässernd und entschlackend
- erhöht die Genussfähigkeit
- lindert Blähungen
- hemmt Bakterien und Viren
- stabilisiert den Zyklus

PETERSILIE

KAROTTENTERRINE MIT PETERSILIENWURZELMOUSSE

Zutaten für 4 Personen

Dreiecksterrine
6 mittelgroße Petersilienwurzeln
2 EL Butter
250 ml Fond blanc (Kalbsknochenfond)
150 ml Sahne
5 Blatt Gelatine
Salz
reduzierter Weißwein
250 g geschälte Minikarotten
100 g kleiner Spinat

Garnitur
Einige Erbsenschoten (blanchiert)
2 Tomaten

Vinaigrette
5 EL Öl
2 EL alter Balsamico-Essig
1 EL Wasser
Salz
1 EL gehackte Petersilie

ZUBEREITUNG

Petersilienwurzeln schälen, grob schneiden, in Butter farblos anschwitzen, mit Fond blanc aufgießen und weich kochen. Sahne hinzufügen und nochmals aufkochen lassen. Zum Schluss mit Salz und reduziertem Weißwein abschmecken. Alles fein mixen. Die Gelatine in kaltem Wasser einweichen, mit ein wenig Mousse auflösen und dann unter die Mousse rühren. Die restliche Sahne steif schlagen und unter die Mousse heben.

Die Minikarotten bissfest kochen.

Die Stiele vom Spinat entfernen, in kochendem Wasser blanchieren und in Eiswasser abschrecken. Danach auf einer Folie kalt legen und mit einem Tuch trocken tupfen. Mit dem Spinat die Terrinenform auslegen. Die Mousse leicht kalt rühren, bis sie anzieht. Die Karotten schichtweise einlegen. Danach für 3 Stunden in den Kühlschrank stellen.

Die Erbsenschoten im leichten Salzwasser abkochen und halbieren. Die Tomaten blanchieren, die Haut abziehen, entkernen und in Würfel und Rauten schneiden.

Die Terrine aufschneiden, mit der Vinaigrette beträufeln und mit den Tomaten und Erbsenschoten dekorativ anrichten.

PETERSILIE

PETERSILIENMOUSSELINE MIT WACHTELEI UND TRÜFFELSAUCE

Zutaten für vier Personen

4 Bund krausblättrige Petersilie
200 ml Sahne
3 TL geschlagene Sahne
1 TL Trüffelöl
Salz
Muskat
40 g Nussbutter
12 Wachteleier
1 EL Essig

Sauce
250 ml Sahne
Muskat
Salz
50 g weiße Trüffelbutter

ZUBEREITUNG

Petersilienblätter von den Stielen zupfen und im Salzwasser weich kochen. Sofort im Eiswasser abschrecken. Die gekochten Petersilienblätter klein hacken und durch ein feines Sieb streichen. Mit Salz, Muskat, Trüffelöl und Nussbutter würzen und mit der flüssigen Sahne aufgießen. Zum Schluss mit der geschlagenen Sahne aufschlagen.

Wachteleier aufschlagen und im Essigwasser pochieren.

Die Sahne erhitzen, mit Salz und Muskat würzen. Anschließend nach Geschmacksempfinden mit Trüffelbutter aufmixen.

Tipp: Die Trüffelbutter bekommt man als fertiges Produkt in guten italienischen Feinkostgeschäften zu kaufen.

KARPFEN BLAU MIT SALSA VERDE

ZUBEREITUNG

In einem Topf 4 Liter Wasser aufkochen lassen und salzen. Eine gewürfelte Karotte mit Lorbeerblatt und Thymian zugeben. Mit 200 ml Essig und dem Saft einer Zitrone abschmecken. Den Karpfen ins garnierte Wasser legen und 10 Minuten pochieren lassen.

Karotten, Lauch und Zucchini in breite Streifen schneiden und in einem leichten Salzwasser abkochen.

In der Zwischenzeit alle Zutaten für die Salsa Verde in einem Mixer aufmixen und mit Salz und Pfeffer abschmecken.

Den Karpfen mit 2 Schaumkellen vorsichtig aus dem Sud heben und auf einem Teller anrichten. Die Salsa Verde extra dazu servieren und mit Gemüsejulienne und Kapernfrüchten garnieren.

Zutaten für vier Personen

1 Karpfen (ca. 1 kg)
2 Karotten
2 mittelgroße Zucchini
1 Stange Lauch
1 Lorbeerblatt
1 Thymianzweig
1 Zitrone
200 ml Essig

Salsa Verde

1 mittlerer Bund Petersilie
2 Essiggurken
1 kleine Zwiebel
1/2 Knoblauchzehe
200 ml Olivenöl
1 TL weißer Balsamico-Essig
10 Kapernfrüchte
Salz
Pfeffer

GESCHICHTE UND HERKUNFT

> Die Rauke (Eruca sativa), auch unter ihrem italienischen Namen Rucola bekannt, ist eine alte Kulturpflanze aus dem Mittelmeerraum. Schon die Römer schätzten die leicht bitteren Blätter wegen ihres herben Geschmacks und des hohen Ölgehalts der Samen, schrieben ihnen aber auch eine aphrodisierende Wirkung zu. Man säte sie vor Statuen des Fruchtbarkeitsgottes. Im Mittelalter wurden sie als verdauungsförderndes und entwässerndes Mittel geschätzt.

VORKOMMEN

> Heute wird die Rauke weltweit angebaut, von den Mittelmeerländern über Afrika bis nach Lateinamerika. Sie lässt sich auch gut im Gemüsebeet kultivieren, ist allerdings frostempfindlich. Die Rauke wächst sehr schnell und wird bis zu 75 cm hoch, die Blätter werden praktisch das ganze Jahr geerntet. Im Süden von Mitteleuropa einschließlich der Mittelmeerländer bis nach Afghanistan sowie in Indien und Brasilien wird die Rauke – auch Ölrauke genannt – heute für die Medizin sowie zur Speise- und Brennölgewinnung angebaut. Bekannt ist das Öl unter dem Namen »Jamba-Öl«.

VERWENDUNG

> Alle Teile der Salatpflanze sind essbar. Die schwarzen Samenkügelchen der Rauke weisen einen hohen Gehalt an Senfölen auf und eignen sich daher als Gewürz. Sie sind genauso zu verwenden wie Senfkörner. Außerdem dient der Samen auch zur Ölgewinnung. Die Blätter werden vor allem roh als Salat verwendet. Etwas weniger bekannt ist die Rauke hingegen als Gemüse. Geerntet werden die jungen, etwa fünf Zentimeter langen Triebe, die angenehm nussig, von kräftig bis scharf und oft auch leicht bitter schmecken. Ausgewachsene Blätter werden zäh und schmecken unangenehm bitter. Mit Parmesan und Pinienkernen püriert, bilden Rucolablätter eine interessante Variante zu Pesto.

RAUKE

DIE WIRKUNG AUF IHRE GESUNDHEIT

> Die Rauke enthält viele wertvolle Mineralstoffe und ist besonders reich an Vitamin C. Ihr hoher Anteil an anorganischen Säuren dürfte für eine belebende und appetitsteigernde Wirkung verantwortlich sein. Die Bitterstoffe und Senföle steigern die Abwehrkräfte und wirken bakterienhemmend. Entschlackend und entwässernd wirkt die Rauke wohl vor allem wegen ihres hohen Gehalts an Kalium und Kalzium. Ihr günstiger Einfluss auf die Verdauung und ihre belebende Wirkung machen die Rauke zusätzlich auch aus gesundheitlicher Sicht attraktiv.

In der Naturmedizin wird der Rauke auch, bedingt durch den hohen Jodgehalt, eine positive Wirkung bei Schilddrüsenproblemen zugeschrieben.

Auf einen Blick

Rauke

- wirkt appetitsteigernd
- belebt
- wirkt entwässernd und entschlackend
- stärkt das Immunsystem
- wirkt günstig auf die Schilddrüse

STEINPILZCARPACCIO MIT RUCOLASALAT

Zutaten für vier Personen

8 große Steinpilze
2 rote Chicorée
200 g Rucolasalat
1 Frisée
1 Bund Thymian
Kapuzinerkresseblüten
Olivenöl

Rotweindressing
5 ml Balsamico-Essig
30 ml Rotwein-Essig
5 ml Sherry-Essig
90 ml Olivenöl
3 g Salz
65 ml Wasser
3 ml reduzierter Noilly Prat

ZUBEREITUNG

Die Steinpilze und den Salat gut putzen. Den Steinpilzen mit einem feuchten Tuch die Kuppe abwaschen und sie dann in gleich große Scheiben schneiden.

Alles Zutaten für das Rotweindressing gut verrühren und den Salat mit dem Dressing marinieren und anrichten.

Die Chicoréeblätter sternförmig auslegen. Frisée, Rucola und Kapuzinerkresseblüten in der Mitte anrichten. Die Steinpilze um den Salat legen, mit Rotweindressing beträufeln und mit Thymian bestreuen.

GESCHICHTE UND HERKUNFT

> Safran (Crocus sativus) gehört wohl zu den ältesten Kulturpflanzen der Menschheit. Es gibt eine Reihe von Hinweisen, dass Safran bereits vor mehr als fünf Jahrtausenden von den Sumerern verwendet wurde. Andere Quellen vermuten den Ursprung im Kaschmir, von wo das Gewürz dann später – vermutlich im achten Jahrhundert – von den Arabern nach Spanien gebracht und von dort in ganz Europa verbreitet worden sein soll. Hinweise gibt es jedenfalls auf Safrananbau in der Antike und seine damalige Verwendung zu kultischen, medizinischen und kulinarischen Zwecken. Bei den Römern war er Aurora, der Göttin der Morgenröte, geweiht, und der römische Dichter Plinius berichtet vom Safran gar als Allheilmittel und als Aphrodisiakum. Ab dem 14. Jahrhundert wurde der Safranhandel ein immer wichtigerer Wirtschaftsfaktor und das Gewürz eine der teuersten und begehrtesten Handelswaren überhaupt. So wurden um Safran sogar Kriege geführt. Seit dem 15. Jahrhundert wurde Safran auch immer wieder in Deutschland, der Schweiz und Österreich kultiviert. So erwähnte die »Nürnberger Safranordnung« von 1613, die unter anderem dazu diente, wertvollen von gefälschtem Safran zu unterscheiden, 15 »gute« Sorten, darunter auch solche aus den österreichischen Anbaugebieten um Korneuburg, Krems oder Melk.

In seiner langen Geschichte wurde Safran immer wieder nicht nur als Gewürz, sondern auch als Heilmittel eingesetzt. Hippokrates empfahl im vierten vorchristlichen Jahrhundert Safran gegen verschiedene Krankheiten, besonders gegen Frauenleiden und für die Geburtshilfe. Auch die mittelalterliche Heilkunde setzte Safran ein, unter anderem bei Augenleiden, Herzleiden und gegen Magen- und Darmbeschwerden, aber auch als nervenberuhigendes Mittel.

VORKOMMEN

> Safran ist ein Zwiebelgewächs aus der Familie der Schwertlilien. Er gedeiht besonders gut auf feinsandigem Boden, der leicht lehmig und trocken ist. In fettem, feuchtem Boden verfault er. Heute wird das kostbare Gewürz in vielen Ländern vom Mittelmeerraum bis ins nördliche Indien angebaut. Hauptlieferanten sind inzwischen Spanien, Marokko und der Iran.

SAFRAN

DIE WIRKUNG AUF IHRE GESUNDHEIT

> Für die Gewinnung des Gewürzes werden die Blütennarben einzeln gepflückt und getrocknet. Für ein Kilogramm getrockneten Safran benötigt man 150 000 Blüten, was auch erklärt, warum Safran seit jeher so wertvoll war und auch heute zu den teuersten Gewürzen gehört. Safran ist als Pulver und in ganzen Fäden erhältlich, wobei es empfehlenswert ist, wenn möglich die Fäden zu kaufen. Denn das Pulver verliert nicht nur rascher das Aroma, es ist auch viel schwerer in der Qualität zu kontrollieren. Das ist schon deshalb von Bedeutung, weil wohl kein anderes Gewürz so häufig ge- und verfälscht wird wie Safran.

In alten mitteleuropäischen Rezepten finden sich oft große Mengen des bitter-süßen Gewürzes, in der heutigen Küche unserer Regionen spielt Safran allerdings keine besondere Rolle mehr. Dafür aber in der mediterranen Küche – vom Risotto alla Milanese über die französische Bouillabaisse bis hin zur spanischen Nationalspeise Paella. Auch in der orientalischen Küche ist Safran beliebt zum Aromatisieren und Färben von Reisgerichten, Suppen und Saucen. Wichtig ist Safran auch in der zentralasiatischen und nordindischen Küche. Er ist auch wesentlicher Bestandteil vieler Curry-Mischungen.

DIE WIRKUNG AUF IHRE GESUNDHEIT

> Das Glucosid Picrocrocin ist nicht nur für den bitteren Geschmack des Safran verantwortlich, sondern auch für seine leicht cholesterinsenkende Wirkung. Die intensive Farbe kommt von den Karotinoiden, darunter vor allem dem Crocin. Von allen Pflanzen hat der Safran den höchsten Gehalt an Riboflavonoiden, die ganz besonders wichtig für die Unterstützung der Eiweißverdauung sind.

Wie viele Pflanzen, die Bitterstoffe enthalten, wirkt auch Safran gegen Verdauungsbeschwerden, ist appetitfördernd und regt die Tätigkeit des Magens an. Beschrieben ist auch eine beruhigende und schlaffördernde sowie eine antibakterielle Wirkung des Gewürzes.

Vorsicht: In sehr hohen Mengen ist Safran ein Rauschmittel, das zu Halluzinationen führt. Die tödliche Dosis liegt allerdings bei zehn bis zwölf Gramm, einer Menge also, wie sie in der Küche nicht verwendet wird.

Auf einen Blick

Safran

- wirkt appetitanregend
- unterstützt die Verdauung
- ist beruhigend
- fördert die Genussfähigkeit
- senkt den Cholesterinspiegel
- ist desinfizierend

EDELFISCHE IN SAFRAN UND GEMÜSEJULIENNE

Zutaten für vier Personen

1 kleines Loupfilet
200 g Lachs
1 Seezunge
100 g Seeteufel
10 Krebsscheren
1 Bund Dill
1 Safranblüte
1 Karotte
1 Stange Lauch
Salz

Für den Safransud
1 Thymianzweig
1 Karotte
1 Stange Staudensellerie
1 Tomate
1 Schalotte
1 Knoblauchzehe
einige Safranfäden
1 Fenchelknolle
1 Liter Fischfond
200 ml Weißwein
120 ml Noilly Prat
100 g Butter
50 ml Sahne
Meersalz

ZUBEREITUNG

Für den Safransud Karotten, Staudensellerie, Schalotte, Tomate und Fenchelknolle klein schneiden und in einem Topf ohne Farbe anschwitzen.

Knoblauch, Thymianzweig und Safran dazugeben und mit Weißwein und Noilly Prat ablöschen. Danach mit Fischfond auffüllen und reduzieren lassen, bis es kräftig schmeckt. Mit Meersalz abschmecken.

Die Butter und die Sahne dazugeben und 5 Minuten verkochen, passieren und mit dem Mixstab aufmixen.

Die Karotte und den Lauch in feine Stifte (Julienne) schneiden und im Salzwasser abkochen.

Die Fische salzen und im Dämpfer garen. Auf dem Teller anrichten und mit dem aufgeschäumten Safransud übergießen. Als Garnitur die Karotten- und Lauchjulienne darüber streuen und mit der Safranblüte und einem Dillzweig garnieren.

GESCHICHTE UND HERKUNFT

> Mit den typischen Kleearten aus der Familie der Schmetterlingsblütler ist der Sauerklee (Oxalis corniculata) nicht verwandt. Der dreiblättrige Sauerklee hat mit ihnen bis auf die dreizähligen, kleeähnlichen, sauer schmeckenden Blätter, nach denen er auch benannt ist, nichts gemeinsam.

Seit alters her galt Klee, wenn er ausnahmsweise einmal vier Blätter trägt, als magische und glücksbringende Pflanze. Schon bei den Druiden unserer heidnischen Vorfahren war der vierblättrige Glücksklee heilig. Nach der Christianisierung glaubte man, dass man beim Kirchgang Hexen erkennen kann, wenn man sich vor Sonnenaufgang ein Glückskleeblatt in den Schuh legte.

Auch heute noch glauben viele Menschen daran, dass ein vierblättriges Kleeblatt Gutes bedeutet. Deshalb wird Glücksklee auch gerne zum Neujahrsfest als Symbol für beste Wünsche im neuen Jahr verschenkt. Unter das Kopfkissen gelegt soll Glücksklee sagenhaft schöne Träume verheißen. Tradition ist es auch, unverheirateten Frauen ein vierblättriges Kleeblatt unter das Kopfkissen zu legen. Im Traum soll sich dann der Zukünftige zeigen.

Als Glücksbringer werden hauptsächlich der Sauerklee Oxalis bowiei und Oxalis tetraphylla aus Süd- und Mitteleuropa oder mexikanische Sorten des Sauerklees angeboten.

VORKOMMEN

> Sauerklee dürfte ursprünglich in Nordindien und Südwestchina beheimatet gewesen sein. Er ist von dort aber in alle wärmere Gebiete der Erde verbreitet worden. Bei uns ist er aus dem Mittelmeergebiet eingeführt worden. Er wächst an warmen und mäßig trockenen Stellen, wie in Pflasterritzen, unter Mauern und in Gärten. Sauerklee wächst fast überall in unseren Nadel- und Laubwäldern. Er gedeiht in Europa und im Mittelmeergebiet bis 2 000 Meter Höhe.

VERWENDUNG

> Die Blätter schmecken – wie der Name schon sagt – säuerlich, sie können für Wildgemüsesalate, -suppen und Quarkmischungen verwendet werden. Wegen des hohen Gehaltes an Oxalsäure sollte man den Verzehr jedoch nicht übertreiben: Oxalsäure verbindet sich im Körper mit Kalzium

zu Kalziumoxalat, und dieser Stoff bildet Nierensteine. Die Wirkung der Oxalsäure kann abgemildert werden, wenn die Pflanze zusammen mit Milchprodukten verarbeitet wird. Dann verbindet sich das Kalzium der Milch mit der Oxalsäure bereits außerhalb des Körpers und ein Teil der Säure wird somit entschärft. Es gibt auch eine spezielle Art, den Knollensauerklee (Oxalis tuberosa), die als Knollengemüse verwendet werden kann. Solche Pflanzen bekommt man in Spezialgärtnereien. Aus dem Saft der Blätter lässt sich ein gesunder, Durst löschender Sirup kochen.

DIE WIRKUNG AUF IHRE GESUNDHEIT

> Der Sauerklee findet ungefähr dieselbe Verwendung als Heilpflanze wie der Sauerampfer und wirkt bei leichten Leber- und Verdauungsbeschwerden und Sodbrennen. Darüber hinaus soll er eine blutreinigende und eine entwässernde und entschlackende Wirkung entfalten. Wegen seiner entzündungshemmenden und schleimlösenden Eigenschaften eignet sich Sauerklee auch zur Behandlung von Erkältungskrankheiten und Nebenhöhlenentzündungen.

Auf einen Blick

Sauerklee
- wirkt leberstärkend
- belebt
- lindert Sodbrennen
- entwässert und entschlackt
- wirkt blutreinigend

SAUERKLEE

KLEESUPPE MIT PFIFFERLINGEN

Zutaten für vier Personen

$^1/_2$ l kräftige Consommé
$^1/_2$ l Crème double
150 g Butter
Salz
1 Hand voll Sauerklee
80 g Pfifferlinge
4 Kapuzinerkresseblüten

ZUBEREITUNG

Den Klee zupfen, waschen und in kräftig gesalzenem Wasser blanchieren.

Die Consommé, Crème double und Butter aufrühren, den blanchierten Klee dazu geben, mixen, passieren und mit Salz abschmecken. Vor dem Servieren nochmals aufschäumen.

Die Pfifferlinge putzen und in etwas Butter sautieren. Leicht gesalzen als Einlage in die Suppe geben.

Vor dem Servieren mit Kapuzinerkresseblüten und einigen Kleeblättern garnieren.

GESCHICHTE UND HERKUNFT

> Die Schlehe (Prunus spinosa) scheint schon in der neolithischen Pfahlbauzeit bekannt gewesen zu sein. Jedenfalls haben Archäologen bei Ausgrabungen frühsteinzeitlicher Siedlungen Steine von Schlehen gefunden. Araber, Griechen und Römer nutzten die Blüten und Früchte der Pflanze schon früh als Heil- und Nahrungsmittel. Asclepiades zum Beispiel beschreibt einen eingedickten Fruchtsaft aus Schlehenfrüchten als wirksames Mittel gegen Ruhr. Die Germanen nutzten die stachelige Pflanze vor allem wegen ihrer Schutzwirkung: Zusammen mit Weißdorn bildete sie die ersten Gartenhecken, die Obstbäume und Kräuter vor Wild schützen sollten. Auch zauberabwehrende und weissagerische Kräfte wurden der Schlehe früher zugesprochen. In der Haupttrudennacht legte man in vielen Gegenden Schlehdornzweige in die Räucherpfanne, um Geister fernzuhalten. Auch in der Walpurgisnacht wurden die Schlehe, die zur Familie der Rosengewächse gehört, zusammen mit Wacholder zu diesem Zweck eingesetzt. Verschiedene alte Bräuche rund um die Schlehe siedeln sie zwischen Heil- und Zauberpflanze an. In Tirol etwa gab es den Brauch, als Mittel gegen Gelbsucht eine Schlehe an die linke Brust zu binden. In anderen Gegenden wiederum wurde zum Schutz vor Fieber und Gicht darauf gesetzt, drei Blütenstängel des Schlehenstrauchs je dreimal hintereinander zu essen. Im Volksglauben spielte sie aber auch eine große Rolle als Sympathiemittel zum Schutz gegen Hexenzauber.

VORKOMMEN

> Die Schlehe gedeiht besonders gut auf sonnigen Hügeln, Berghängen, Wegrändern, Heiden und in trockenen, lichten Laubwäldern mit kalkhaltigem Boden. Die lichtliebende Pflanze ist äußerst widerstandsfähig. Der ursprünglich in Mitteleuropa beheimatete Strauch hat sich dank seiner Widerstandsfähigkeit weit verbreitet: Von Südschweden bis in den Ural, in den gemäßigten Gebieten Vorderasiens, Nordafrikas und Nordamerikas ist die Schlehe mittlerweile zu finden.

SCHLEHDORN

VERWENDUNG

> Schlehenfrüchte werden für medizinische Zwecke in frischer und getrockneter Form verwendet. Auch für Genießer hat die Schlehe eine gewisse Bedeutung: Als Schlehenwein, für den Schlehenfrüchte mit Gewürzen, Zucker und Branntwein angesetzt werden, oder als Schlehengeist, der aus der Destillation zerstampfter Früchte gewonnen wird.

DIE WIRKUNG AUF IHRE GESUNDHEIT

> Schlehenfrüchte enthalten Flavonoglykoside, Cumarinderivate, Gerb- und Bitterstoffe, viel Vitamin C und Pektine. Dieses Wirkstoff-Ensemble sorgt unter anderem dafür, dass die Schlehe entwässernd, schwach abführend, appetitanregend und entzündungshemmend wirkt. Schlehen wirken außerdem adstringierend, also zusammenziehend. Das aus reifen Früchten hergestellte Beerenmus dient, ebenso wie getrocknete Früchte, auch zur Behandlung von Magenschwäche. Der aus reifen Früchten gepresste Saft findet vor allem als Gurgelmittel bei Mund-, Hals- und Zahnfleischgeschwüren Anwendung.

Schlehen sind für einen Verzehr in größeren Mengen nicht geeignet, denn roh genossen können sie Magen- und Darmbeschwerden verursachen. Aber eine Gefahr der Überdosierung besteht wohl schon deshalb nicht, weil die Ernte mühsam und ihr Geschmack extrem sauer ist.

Neben den Schlehenfrüchten sind auch die Blüten der alten Heilpflanze in Sachen Gesundheit interessant. Getrocknete Blüten werden als Teeaufguss zur Blutreinigung bei Hautkrankheiten und rheumatischen Beschwerden eingesetzt sowie als Gurgelmittel bei leichten Entzündungen der Mund- und Rachenschleimhaut. Mus oder Marmelade aus den Beeren soll gegen Appetitlosigkeit wirken. Die Schlehenblüte gilt darüber hinaus auch als beruhigend.

In der Homöopathie werden aus frischen, im Aufblühen begriffenen Blüten Essenzen hergestellt, die sie zum Beispiel gegen Kopfschmerzen, Blähungen und Schmerzen in der Blase eingesetzt werden.

Schlehenasche-Elixier wird von Heilpraktikern empfohlen bei leichten Lähmungserscheinungen, Gicht und Rheuma.

Auf einen Blick

Schlehen

- wirken entwässernd und entschlackend
- regen den Appetit an
- unterstützen das Immunsystem und hemmen Entzündungen
- unterstützen die Blutreinigung
- wirken beruhigend

SCHLEHDORN

SCHLEHENASCHE-ELIXIER

Schlehenasche-Elixier nach Hildegard von Bingen

ZUBEREITUNG

Schlehenasche-Elixier enthält Schlehenasche, Gewürznelken, geschnittene Zimtrinde, Honig und Wein. Es ist in Apotheken erhältlich, die Hildegard-Medizin im Sortiment führen.

Schlehenasche-Elixier muss langfristig genommen werden, empfohlen wird die gleichzeitige Umstellung der Ernährung auf Dinkel, reichlich Obst und Gemüse.

SchlehenascheElixier
Einzelrezeptur nach Hildegard von Bingen
Schlehenasche, Zimt, Nelken, Honig, Wein
morgens mässig, mittags reichlich Trinken.
Haltbar bis mindestens ein Jahr nach Herst.Datum.
Inhalt:500 ml
EURO 15,41
Literatur: Die kleine Hildegard Apotheke
01.10.03

GESCHICHTE UND HERKUNFT

> Die Perilla (Perilla frutescens), auch Schwarznessel, Chinesische Melisse oder Wilder Sesam genannt, soll ursprünglich in China beheimatet gewesen sein; auf Umwegen gelangte sie schließlich aus dem Osten zu uns. In der traditionellen chinesischen Medizin hat die Perilla eine lange Geschichte, auch die japanische Tradition kennt sie als Kult- und Heilpflanze. In der westlichen Welt wurden die gesundheitsfördernden Eigenschaften des Perilla-Öls erst in den letzten Jahren erforscht.

VORKOMMEN

> Perilla frutescens ist in Ost- und Südostasien heimisch und gehört zur Familie der Lippenblütengewächse (Lamiaceae), genau wie Minze oder Basilikum. In Asien kennt man zwei Sorten: Die eine hat krause Blätter, die je nach Sorte rot oder grün gefärbt sind. Sie dient als Küchenkraut, wobei nur die frischen Blätter verwendet werden.

Die zweite Sorte wird vor allem wegen ihrer Samen geschätzt, aus denen ein fettes Öl gewonnen wird.

VERWENDUNG

> Zum Würzen können die frischen roten oder grünen Blätter sowie die Samen der Pflanze verwendet werden, deren Aroma entfernt an Anis oder Zimt erinnert. In vielen asiatischen Küchen hat die Perilla ihren festen Platz. So werden vor allem in Vietnam und Korea die aromatischen Blätter gern zu Nudelsuppen und Frühlingsrollen serviert. In Japan sind beide Sorten traditionell wichtige Gewürze für Sushi und werden für die Spezialität Tempura verwendet. Das Samenöl der Perilla gilt in Japan als exquisites Salatöl.

In der westlichen Küche ist Perilla noch weniger bekannt. Der interessante Geschmack der Blätter lässt sich aber vielfältig einsetzen. Ein Perilla-Pesto etwa schmeckt köstlich, sehr gut sind die Blätter auch als Fülle für Fische.

SCHWARZNESSEL

DIE WIRKUNG AUF IHRE GESUNDHEIT

> Auch als Heilkraut hat die Perilla eine wichtige Bedeutung. Traditionell wurde sie in der asiatischen Medizin unter anderem gegen Magenverstimmungen, bei Erkältung, aber auch gegen Malaria und Cholera eingesetzt.

Die Blätter der Perilla enthalten nicht nur die für die Familie der Lippenblütler typischen Gerbstoffe, sondern auch wertvolle Antioxidanzien, Glukoside, Vitamine und Spurenelemente. Die Gerbstoffe sind es wohl vor allem, warum die Perilla erfolgreich bei Verdauungsbeschwerden und Appetitlosigkeit verwendet wird. Sie haben auch eine leicht verstopfende Wirkung bei Durchfällen und regen die Stoffwechseltätigkeit an.

Für den Ruf der Perilla als regelrechtes Wundermittel haben aber weniger ihre Blätter, sondern vor allem ihre kleinen braunen Samen gesorgt. Denn aus ihnen lässt sich ein Öl gewinnen, das einen sehr hohen Prozentsatz an mehrfach ungesättigten Fettsäuren aufweist. Mit einem Anteil von 60 Prozent Alpha-Linolensäure ist das Perilla-Öl das Pflanzenöl mit dem höchsten natürlichen Gehalt dieser Fettsäure. Perilla-Öl weist auch ein besonders günstiges Verhältnis von Omega-3- zu Omega-6-Fettsäuren auf und versorgt so den Körper optimal mit diesen wichtigen Schutzfaktoren. Damit ist die Perilla besonders wichtig für die Herzgesundheit und hilft, den Fettstoffwechsel in Balance zu halten, eine cholesterinbewusste Ernährung zu unterstützen und die Gefäße jünger zu halten.

Auf einen Blick

Schwarznessel

- fördert die Herzgesundheit
- unterstützt den Fettstoffwechsel
- schützt die Gefäße
- unterstützt die Verdauung
- regt den Stoffwechsel an

SCHWARZNESSEL

JAMBOLAIA MIT PERILLA

Zutaten für vier Personen

2 Schalotten
2 gelbe Paprika
2 rote Paprika
150 g Carnaroli-Reis
500 ml Fond blanc
40 ml Weißwein
1 TL weißes Trüffelöl
40 g Butter
10 Perilla-Blätter

ZUBEREITUNG

In einem Topf die gewürfelten Schalotten anschwitzen, den Reis und die gewürfelten Paprika dazu geben und mit Fond blanc 18 Min. unter Rühren weich kochen.

Mit Weißwein, Trüffelöl, Butter und den geschnittenen Perilla-Blättern verfeinern.

Tipp: Dazu gebratene Gambas servieren.

GESCHICHTE UND HERKUNFT

> Sellerie (Apium graveolens) ist seit dem Altertum im Mittelmeergebiet bekannt. Er wird in den homerischen Epen beschrieben und galt im klassischen Griechenland als heilige Pflanze. Laut Homer wuchs er auf den Wiesen der Nymphe Kallypso, die liebestolle Männer in Schweine verwandelt haben soll. Die Sieger der Nemeischen Spiele wurden mit Sellerieblättern ausgezeichnet.

Auch im antiken Rom wurde Sellerie geschätzt – allerdings eher aus kulinarischen denn aus religiösen Gründen. Die Römer verwendeten zum Beispiel die Blätter mit Datteln und Pinienkernen in Spanferkel-Füllungen. Allerdings gab die schmackhafte Pflanze auch Anlass zu allerlei Aberglauben: »Apo indiget« – er braucht Sellerie – sagte man im antiken Rom von Todkranken. Und Wagen, die mit Sellerie beladen waren, soll man aus dem Weg gegangen sein. Seit dem Mittelalter wird dem Sellerie eine erotisierende Wirkung nachgesagt – ein Ruf, der sich inzwischen seit Jahrhunderten hält.

VORKOMMEN

> Die mehrjährige Pflanze aus der Familie der Doldenblütler findet sich wild wachsend auf feuchten Wiesen und an salzhaltigen Stellen an Meeresküsten. Sellerie kommt in mehreren Varietäten vor: Der Knollensellerie besitzt eine fleischige, rundlich-rübenförmige Wurzel, der Staudensellerie hat verdickte Blattstile und der Schnittsellerie gleicht noch am stärksten der ursprünglichen Wildform. Heute findet sich der Sellerie in ganz Europa, Indien, Nordafrika und Westasien.

VERWENDUNG

> Verwendet werden Blätter und Wurzeln der bis zu einem Meter hoch wachsenden, zweijährigen Pflanze, sowohl als Gemüse als auch als Gewürz. Die Blätter und die Wurzel werden häufig in Suppen – vor allem auch in Basensuppen – mitgekocht. Die gekochte Wurzel ist ein besonders aromatisches Gemüse. Die Blätter werden gern für Salate, Soßen oder zum Pochieren von Fisch, die Knolle auch für Eintöpfe verwendet. In Italien fügt man Sellerie oft Bratensaucen zu oder isst ihn als Rohkost zu Käse. Zum Würzen wird auch der Samen aller Selleriearten verwendet.

SELLERIE

DIE WIRKUNG AUF IHRE GESUNDHEIT

> Alle Pflanzenteile des Sellerie enthalten ätherische Öle mit Terpenen, Flavonoiden und Furarocumarinen. Die ätherischen Öle regen den Stoffwechsel an – so reinigt Sellerie gewissermaßen von innen. Besonders günstig wirkt sich das zum Beispiel bei Rheuma, Gicht und Gallenstauungen aus. Nur Nierenkranke sollten vorsichtig sein, da Sellerie die Nieren reizen kann.

Die Pflanze ist auch besonders vitaminreich: Die Vitamine C, B_1, B_2, Niacin und Karotin und die Mineralstoffe Kalzium, Natrium und Magnesium machen die schmackhafte Knolle gesundheitlich attraktiv. Die in Sellerie enthaltenen Vitamine B_6 und Pantothensäure sollen sich positiv auf die Stimmungslage auswirken. Das reichlich vorhandene Vitamin E schützt Fette, andere Vitamine und Enzyme vor der Zerstörung durch freie Radikale. Die Mineralstoffe Magnesium und Kalzium geben den Muskeln Kraft, verhelfen ihnen aber auch zur nötigen Entspannung. In Sellerie ist auch besonders viel Kalium enthalten. Dieser Mineralstoff in Verbindung mit den desinfizierenden Terpenen wirkt vorbeugend gegen Mund- oder Rachenentzündungen und Husten. Nachgewiesen ist die entwässernde und entschlackende Wirkung des alten Gemüses. Ob Sellerie tatsächlich aphrodisiakisch und potenzsteigernd wirkt, ist umstritten und wissenschaftlich nicht belegt – eine Steigerung der Durchblutung im Beckenbereich ist aber eine mögliche, zugrunde liegende Wirkungsvorstellung.

Auf einen Blick

Sellerie

- regt den Stoffwechsel an
- wirkt appetitanregend
- ist entwässernd und entschlackend
- wirkt abführend
- wirkt stimmungsaufhellend
- kräftigt die Muskeln
- beugt Entzündungen und Husten vor

GILLARDEAU-AUSTERN MIT WASSERLINSEN

Zutaten für vier Personen

12 Austern
100 g Linsen
20 g Karotten
20 g Sellerie
20 g Schalotten

Vinaigrette
5 EL Öl
2 EL Champagner-Essig
1 EL Wasser
Salz
1 EL gehackter Kerbel
1 EL fein geschnittene, blanchierte Schalotten
Radieschenjulienne von 2 Radieschen

ZUBEREITUNG

Die Linsen 1 Stunde in Wasser einweichen, in Salzwasser weich kochen. Das Gemüse in feine Streifen schneiden; die Gemüsejulienne beigeben und in ein Sieb abschütten.

Die Linsen und Julienne mit Hilfe eines runden Ausstechers auf den Teller geben.

Für die Vinaigrette alle Zutaten gut vermischen.

Die ausgenommenen Austern darauf verteilen und das Ganze mit der Vinaigrette beträufeln.

TOMATENTERRINE MIT GEMÜSE

ZUBEREITUNG

Tomaten waschen, quer schneiden, mit dem Olivenöl, der Butter, dem Meersalz und einer Prise Zucker in einen Topf geben. Bei geringer Hitze schmelzen lassen und durch ein grobes Sieb streichen. Mixen und durch ein feines Sieb passieren. Danach mit einem Schuss Olivenöl und dem reduzierten Noilly Prat abschmecken. Auf 1 Liter 12 Blatt in Wasser aufgelöste und ausgedrückte Gelatine geben. Geschnittenes Basilikum darunter rühren.

Die Tomaten blanchieren, die Haut abziehen, vierteln und entkernen.

Die Karotten, Sellerie und geputzten Artischocken fein auf 3 mm aufschneiden. Das geht am besten mit einer Aufschnittmaschine. Danach das Gemüse in gut gesalzenem Wasser bissfest kochen und in Eiswasser abschrecken. Die Pfifferlinge putzen und im Wasser mit etwas Butter weich andünsten.

Das Gemüse gut salzen und mit der Mousse schrittweise auffüllen. 3 Stunden in den Kühlschrank stellen. Dann stürzen und mit einem Elektromesser aufschneiden.

Für das Pesto die Zutaten fein hacken und dann passieren.

Die Mousse-Scheiben mit ein paar Gemüsewürfeln, Basilikumblättern und dem Pesto anrichten.

Zutaten für eine Terrinenform

Mousse
12 reife Tomaten
4 EL Olivenöl
1 EL Butter
Salz
Zucker
Meersalz
reduzierter Noilly Prat
1/2 Bund Basilikum
Gelatine

Gemüseeinlage
4 gelbe Tomaten
4 rote Tomaten
1/2 Sellerie
1 Handvoll Pfifferlinge
4 Artischocken (geputzt)
80 g grüne Bohnen
2 große Karotten

Pesto
1/2 Bund Basilikum
4–5 EL Olivenöl
Salz, Pfeffer

SELLERIE

SELLERIERAVIOLI MIT BLATTPETERSILIE UND OVOLIEPILZEN

Zutaten für vier Personen

1 Knollensellerie
8 mittelgroße Ovoliepilze
1 Bund Blattpetersilie
Kalbsjus
280 g Butter
1 Ei

ZUBEREITUNG

Den Sellerie schälen und mit der Aufschnittmaschine dünn aufschneiden. Mit einem Ausstecher den Rand ausstechen. In Salzwasser blanchieren, abschrecken und kalt stellen.

Die Ovoliepilze putzen und in schöne Streifen schneiden. Danach salzen und in Butter anbraten.

Die Selleriestreifen mit den angebratenen Ovoliepilzen belegen, einen Teil der Pilze für das Garnieren aufheben, und den Rand mit Eigelb bestreichen. Eine andere Scheibe darauf legen und andrücken.

Die Ravioli in Nussbutter sautieren und anrichten. Mit den restlichen Pilzen garnieren und mit etwas Kalbsjus beträufeln. Zum Schluss mit gewaschener Petersilie garnieren.

SELLERIE

BLUMENKOHLSALAT UND SELLERIE MIT SOMMERTRÜFFEL UND IBERISS

Zutaten für vier Personen

1 Blumenkohl
2 mittlere Sellerieknollen
1 Trüffel (ca. 40g)
100 g Bauchspeck
400 ml Sahne
Salz
Muskat

Dressing
20 ml Cherry-Essig
Himalayasalz
weißer Pfeffer
60 ml Nussöl
20 ml Consommé

Iberissblüten

ZUBEREITUNG

Den Blumenkohl in Röschen zerlegen und im Salzwasser bissfest kochen. Den Sellerie schälen, in ½ cm große Würfel schneiden und in der Sahne weich kochen. Mit Salz und Muskat abschmecken. Den Speck in Streifen schneiden und in der Pfanne anschwitzen.

Für das Dressing alle Zutaten gut vermischen.

Den gekochten Blumenkohl mit dem Dressing leicht marinieren und auf einem der beiden Teller anrichten. Die Speckstreifen aufstreuen und Trüffel darüber hobeln. Auf den anderen Teller den Rahmsellerie anrichten und genauso Trüffel darüber hobeln. Mit schwarzem Trüffel und Iberissblüten dekorieren.

VARIATION VON GEMÜSEPÜREE

ZUBEREITUNG

Die Paprika waschen, entkernen und quer schneiden. In Butter anschwitzen, mit Fond blanc (Kalbsknochenfond) aufgießen und weich kochen. Sahne beigeben, pürieren, passieren, mit Noilly Prat, Weißwein, Salz und Zucker abschmecken.

Den Sellerie schälen, klein schneiden und in wenig Salzwasser dünsten, bis er weich und das Wasser verdampft ist. Crème double dazu geben, kurz mitkochen und im Mixer sehr fein pürieren. Die warme Butter und geschlagene Sahne unterziehen und mit Salz abschmecken.

Die Karotten schälen, quer schneiden und in Butter anschwitzen. Mit Fond blanc aufgießen. Sahne beifügen, pürieren und mit reduziertem Weißwein und Salz abschmecken.

Die gezupfte Petersilie und den Spinat waschen. Die Petersilie danach sofort in Eiswasser abschrecken, ausdrücken und fein hacken. Butter aufschäumen lassen, den Spinat und die Petersilie beigeben. Crème double dazugeben und aufkochen lassen. Beim Mixen mit Salz und Pfeffer abschmecken und die geschlagene Sahne unterziehen.

Die vier Pürees auf einem Teller schön anrichten.

Zutaten für vier Personen

Paprikapüree
500 g rote Paprika
50 g Butter
500 ml Fond blanc
1 TL Noilly Prat
1 TL reduzierten Weißwein
70 ml Sahne
Salz, Zucker

Selleriepüree
500 g Sellerie
Salz
5 EL Crème double
80 g Butter
1 EL geschlagene Sahne

Karottenpüree
500 g Karotten
50 g Butter
250 ml Fond blanc
1 TL reduzierter Weißwein
Salz
70 g Sahne

Petersilienpüree
200 g krause Petersilie
40 g glatte Petersilie
50 g Spinat ohne Stiele
20 g Butter
250 ml Crème double
Salz, Pfeffer
2 EL geschlagene Sahne

GESCHICHTE UND HERKUNFT

> Zitronengras (Cymbopogon citratus), eine mehrjährige Pflanze, die zur Familie der Süßgrasgewächse gehört, gibt es in mehr als 50 verschiedenen Arten. In Indonesien und Malaysia wurde das Gras schon vor Jahrhunderten in der Ayurvedischen Medizin nicht nur als Gewürz, sondern auch als Heilpflanze gegen Gemütsverstimmungen und Verdauungsbeschwerden verwendet.

VORKOMMEN

> Das ursprünglich in den Tropen Südostasiens beheimatete Zitronengras kommt natürlich in erster Linie in Sri Lanka, Burma, Thailand und Indien, Malaysia und Indonesien, aber auch in Australien vor. Bis vor kurzem wurde die mehrjährige, bis zu zwei Meter hohe Pflanze vor allem in Indien, Indonesien und Südost-Asien kultiviert. Mit der zunehmenden Popularität der Thai-Küche hat auch der Bedarf zugenommen, und inzwischen wird Zitronengras auch in den USA, zum Beispiel in Kalifornien und Florida, angebaut, aber auch in Brasilien und Guatemala. Als tropische Pflanze benötigt Zitronengras einen sandigen Boden und viel Feuchtigkeit. In unseren Breiten eignet es sich daher nur als Zimmerpflanze.

VERWENDUNG

> Von der aromatischen Pflanze werden nur die ganz jungen zarten Halme der langen spitzen Blätter getrocknet oder frisch verwendet. Ältere Blattteile sind strohig und zäh, auch wenn ihr Aroma genauso intensiv ist.

Die mehrjährige Staude ist nicht verwandt mit Zitrusfrüchten. Vor allem frisch verwendet, ist ihr milder, unvergleichlich zitrusartiger Geschmack prägend für die thailändische Küche. Wer frisches Zitronengras mitessen will, sollte es wegen der harten Fasern fein zerkleinern. Sonst ist es günstiger, große Stücke mitzukochen und vor dem Servieren herauszunehmen.

Zitronengras wird auch für viele indonesische Speisen verwendet und in der indischen Küche geschätzt. Es eignet sich unter anderem für Currys,

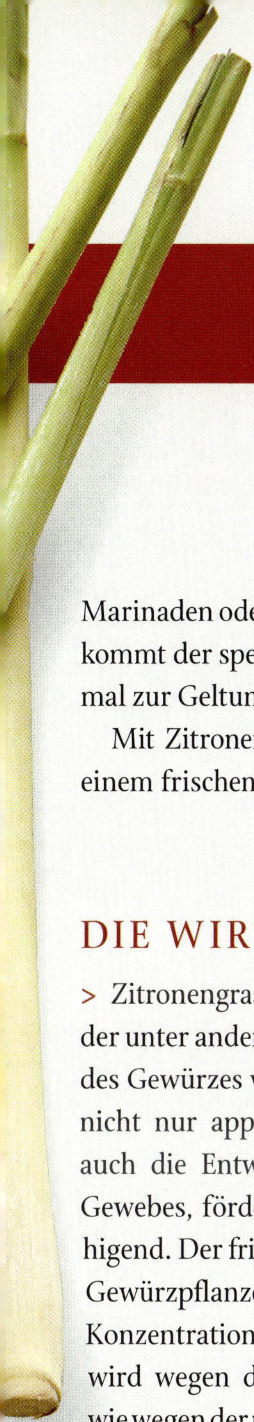

ZITRONENGRAS

Marinaden oder Fischsuppen, denn mit Flüssigkeit kommt der spezielle Geruch und Geschmack optimal zur Geltung.

Mit Zitronengras lassen sich viele Speisen mit einem frischen Zitronengeschmack verfeinern, etwa Gebratenes, Salate und Eingelegtes. Es passt auch gut zu Kokosmilch, vor allem in Gerichten mit Fisch und Meeresfrüchten. In Südamerika wird auch gerne ein erfrischender Tee aus dem Gewürzkraut zubereitet.

DIE WIRKUNG AUF IHRE GESUNDHEIT

> Zitronengras hat einen sehr hohen Citralgehalt, der unter anderem für die antibakterielle Wirkung des Gewürzes verantwortlich sein dürfte. Es wirkt nicht nur appetitanregend, sondern unterstützt auch die Entwässerung und Entschlackung des Gewebes, fördert die Verdauung und wirkt beruhigend. Der frische und anregende Duft der Gewürzpflanze soll auch die Denk- und Konzentrationsfähigkeit fördern und wird wegen dieser Wirkung ebenso wie wegen der möglichen stimmungsaufhellenden Eigenschaften auch in der Aromatherapie viel eingesetzt.

Auf einen Blick

Zitronengras

- regt den Appetit an
- unterstützt die Entwässerung und Entschlackung
- fördert die Verdauung
- wirkt beruhigend
- fördert die Konzentrationsfähigkeit

ZITRONENGRAS

LACHSLASAGNE MIT ZITRONENGRASSAUCE

Zutaten für vier Personen

200 g Lachsfilets
Salz, Öl

Nudelteig
250 g Mehl
50 g Gries
3 Eier
3 EL Olivenöl
1 TL Salz
1 EL Wasser

Zitronengrassauce
2 Zitronengrasstangen
150 g Butter
500 ml Weißwein
1 TL Noilly Prat
500 ml Fischfond
3 Zweige Zitronenthymian
100 ml Sahne

ZUBEREITUNG

Für den Nudelteig alle Zutaten verrühren und eine Stunde ruhen lassen. Anschließend hauchdünn mit der Nudelmaschine ausrollen und 8 x 10 cm große Blätter ausstechen. In Salzwasser mit Öl al dente kochen. Herausnehmen und auf einem Tuch abtropfen lassen.

Für die Sauce die Zitronengrasstangen klopfen und in kleine Stücke schneiden. Mit 40 g Butter anschwitzen und mit Weißwein und Noilly Prat ablöschen. Mit Fischfond auffüllen. Zitronen-Thymian beigeben und auf ein Drittel reduzieren lassen. Die Reduktion, die restliche Butter und Sahne zugeben. Noch einmal fünf Minuten köcheln lassen, aufmixen und abschmecken.

Den Lachs in Tranchen schneiden und zwischen zwei Folien leicht mit der Hand leicht platt klopfen. Anschließend auf ein befettetes Blech auflegen und unter dem Grill garen.

Die Nudelblätter auf die Teller geben, den Lachs darauf legen, noch ein Nudelblatt in Wellen darauf legen und die aufgeschäumte Sauce darüber geben.

Mit Zitronenthymian und einer Krebsschere garnieren.

ZITRONENGRAS

FRUCHTKÖRBCHEN MIT ZITRONENGRASSCHAUM

Zutaten für vier Personen

Hippenkörbchen
50 g Butter
50 g Puderzucker
50 g Eiweiß
50 g Mehl

Zitronengrasschaum
150 ml Wasser
50 ml Orangensaft
1 TL Limettensaft
40 g Zucker
1 Limette (Abrieb)
2 Blatt Gelatine
4 Stangen Zitronengras
1 Limonenblatt
150 g geschl. Sahne

Beeren
30 g gemischte Beeren (Erdbeeren, Himbeeren, Heidelbeeren, Brombeeren, Johannisbeeren)
2 cl Grand Marnier
Puderzucker
1 Zweig frische Minze

ZUBEREITUNG

Mehl und Puderzucker in eine Schüssel sieben. Eiweiß dazu geben und mit geschmolzener Butter, die nicht heiß sein sollte, verrühren, bis alles eine glatte Masse ist. Ca. 1 Std. im Kühlschrank kalt stellen. Die ausgekühlte Masse dünn in einen ca. 9 cm großen Kreis auf ein Backpapier aufstreichen. Dabei hilft ein Kreis, der aus einem dünnen Kunststoff ausgeschnitten wird, zum Beispiel der Deckel eines Kunststoffeimers.

Den Teig bei ca. 180 °C Ober-Unterhitze im Ofen goldgelb backen. Die heiße Teigscheibe über eine umgedrehte Kaffeetasse stülpen und eine zweite Tasse vorsichtig darüber geben.

Für den Zitronengrasschaum Wasser, Orangensaft, Limettensaft, Zucker, Limettenabrieb, Limonenblatt sowie das möglichst klein geschnittene Zitronengras zusammen aufkochen. Gelatine in Eiswasser einweichen und zum heißen Sud geben. Den Sud vom Herd nehmen und ca. 2 Std. ziehen lassen. Absieben und im Kühlschrank auskühlen. Geschlagene Sahne unterheben.

Die Beeren in eine Schüssel geben und mit Grand Marnier und Puderzucker marinieren. Danach in das Hippenkörbchen füllen mit dem Zitronengrasschaum zusammen auf einem Teller anrichten und eine Minzespitze als Garnitur dazugeben.

GESCHICHTE UND HERKUNFT

> Zucchini – in der Einzahl Zucchino – gehören zur Familie der Kürbisgewächse. Der Name leitet sich von der italienischen Form für Kürbis, »Zucca«, ab, heißt also »kleiner Kürbis«. Sie stammen wie viele andere Nahrungsmittel auch aus Amerika, es soll sie schon vor 10 000 Jahren als Wildformen der Pflanze in Süd- und Mittelamerika gegeben haben. Seefahrer brachten Zucchini (Cucurbita pepo), die botanisch gesehen eigentlich eine fleischige Beerenfrucht sind, vermutlich Ende des 15. Jahrhunderts nach Europa. Hier wurden sie zunächst in Oberitalien angebaut. Von unseren Vorfahren wurde das Gewächs als Lebens- und Heilmittel genutzt. Kürbisse, also auch die Zucchini, liefern jede Menge nahrhaftes Fruchtfleisch, wertvolle Samen und wurden oder werden in vielen Ländern der Welt auch heute noch als Flaschen, Becher, Löffel und andere Haushaltsgeräte genutzt.

VORKOMMEN

> Zucchini gedeihen in zahlreichen Weltgegenden, die Hauptanbaugebiete sind heute vor allem die Mittelmeerländer Italien und Spanien sowie die USA. Von den Gurken sind die äußerlich manchmal recht ähnlichen Zucchini am sechskantigen Stiel zu unterscheiden.

VERWENDUNG

> Zucchini präsentieren sich vielfältig: dunkelgrün, gestreift, gefleckt, weiß und gelb. Allen Sorten gemeinsam ist das weiße Fruchtfleisch, es ist sehr geschmacksneutral und lässt sich deshalb mit vielen Kräutern und Gewürzen kombinieren.

Die sehr jung geernteten Früchte der Zucchini eignen sich püriert für Suppen, in Scheiben oder Stifte geschnitten für Salate, gedünstet oder mariniert als herzhafte Vorspeise oder Beilage, gefüllt, überbacken oder geschmort als Hauptgericht. Es

ZUCCHINI

gibt aber auch süße Zubereitungsarten für den Nachtisch. Ebenfalls essbar sind die gelben Zucchiniblüten. Sowohl die weiblichen, die am Stiel die Frucht tragen, die dann zum Zucchino reift, als auch die männlichen, die absterben. Die großen, weiblichen Blüten eignen sich zum Füllen, zum Beispiel mit Kräuterkäse, die kleineren, männlichen, werden frittiert.

DIE WIRKUNG AUF IHRE GESUNDHEIT

> Das kalorienarme Gemüse ist reich an Kohlenhydraten, Eiweiß sowie Kalzium, Phosphor, Eisen, Betakarotin, einer Vorstufe des Vitamin A, und Vitamin C. Dazu kommen Folsäure, Kalium, Phosphor, Mangan, Zink, Selen, Schleim- und Bitterstoffe. Bitterstoffe bringen Leber und Galle in Schwung.

Weil Zucchini besonders leicht bekömmlich sind, werden sie gerne für Diät- und Schonkost verwendet. Sie regen die Darmtätigkeit an, kräftigen das Immunsystem. Weil sie entwässernd und entschlackend wirken, entlasten sie das Herz und wirken gegen hohen Blutdruck. Zucchini verbessern auch den Stoffwechsel in der Haut.

Zucchini dürften, so eine verbreitete Meinung, auf dem Einkaufszettel nicht fehlen, wenn es darum geht ein Liebesmahl zuzubereiten. Wissenschaftlich lässt sich eine aphrodisierende Wirkung der vielseitigen Früchte allerdings nicht nachweisen.

Auf einen Blick

Zucchini

- fördern den Appetit und regen die Verdauung an
- wirken entwässernd und entschlackend
- stärken das Abwehrsystem
- unterstützen den Stoffwechsel der Haut

ZUCCHINI

CHARTREUSE VOM LAMM MIT ZUCCHINI

Zutaten für vier Personen

8 Lammfilets
3 Zucchini
3 gelbe Paprika
3 rote Paprika
6 Mini-Zucchini

Petersilienfarce
100 g Geflügelfleisch
80 ml Sahne
Salz, Pfeffer
2 Eigelb
100 g Petersilienmousse

4 große Steinpilze
16 Pfifferlinge
100 ml Sahne
Mondamin
Salz, Pfeffer

ZUBEREITUNG

Die Lammfilets putzen und in 16 gleich große Stücke schneiden, mit dem Handballen vorsichtig platt klopfen.

Das Gemüse putzen und in gleich große Stifte schneiden, blanchieren, in Eiswasser abkühlen und trocknen lassen.

Für die Petersilienfarce das Geflügelfleisch kurz anfrieren und mit der Moulinette mixen. Mit Salz und Pfeffer abschmecken und mit Petersilienmousse glatt rühren.

Die Sahne erwärmen und reduzieren lassen. Die eingekochte Sahne mit etwas Mondamin abschmecken und mit Salz und Pfeffer würzen. Kalt stellen. Nebenbei die Pilze in kleine Würfel schneiden und in Butter ausbraten. Die Sahne und die Pilze vermengen und nochmals abschmecken.

4 Ringe ausbuttern und die Gemüsestreifen einzeln einlegen. Auch die Lammfilets einzeln einlegen und mit der Pfifferlingssahne bestreichen.

Danach mit der Petersilienfarce abdecken. Die Mini-Zucchini waschen, schneiden, blanchieren und das Fleisch mit den als Rosette geschnittenen Zucchini belegen.

Die Chartreuse bei 140 °C für ca. 10 Minuten in den Ofen geben. Danach 3 Minuten ruhen lassen und mit der Pilzsahne servieren.

REGISTER

REGISTER

* Gekennzeichnete Heilpflanzen sind in einem ausführlichen Porträt dargestellt.

DIE AUTOREN

Heinz Winkler

Der gebürtige Tiroler Heinz Winkler, Jahrgang 1949, zählt seit mehr als zwei Jahrzehnten zu den besten Köchen der Welt. Als Chef des Münchner »Tantris« wurde er 1981 mit 31 Jahren der weltweit jüngste Drei-Sterne-Koch. Bisher hat kein Jüngerer diese Auszeichnung erreicht. 1988 ernannte ihn der »Club der Chefs der Chefs«, die Vereinigung der Leibköche von Königen und Regierungschefs, als einen der ganz wenigen selbständigen Spitzenköche zu ihrem Ehrenmitglied.

Der Traum einer idealen Verbindung von Lebensstil und Wohlbefinden, Kultur und exklusivem Essen stand Pate, als Heinz Winkler 1991 im oberbayerischen Aschau seine »RESIDENZ« eröffnete. Heinz Winkler schuf mit der liebevollen und stilbewussten Renovierung des traditionsreichen Hotels »Post« einen Ort, der seinen Gästen diesen Traum so nahe wie möglich bringt: Die Annehmlichkeit einer kleinen, aber feinen Herberge und die Genüsse einer der besten Küchen weltweit, welche 2004 zum 17. Mal mit drei Sternen des Guide Michelin ausgezeichnet und zu einer neuen Pilgerstätte für Gourmets wurde.

www.residenz-heinz-winkler.de

Dr. med. Robert M. Bachmann

Robert M. Bachmann ist Facharzt für Allgemeinmedizin, Naturheilverfahren, Balneologie und medizinische Klimatologie; er ist F. X. Mayr-Arzt, Fastenarzt und Kneipp-Badearzt und arbeitet als Leiter der Abteilung Naturheilverfahren an der Reithofpark-Klinik in Bad Feilnbach, Oberbayern. Dr. Bachmann ist Lehrbeauftragter der Universität Bayreuth im Bereich Rehabilitation des Studiengangs Gesundheitsökonomie und Verfasser zahlreicher Publikationen, Fach- und Sachbücher zum Thema Naturheilkunde und Prävention.

www.drbachmann.de

DER FOTOGRAF

Dr. jur. Birgit Kofler-Bettschart

Die gebürtige Tirolerin Birgit Kofler-Bettschart arbeitet als Medizinjournalistin und Autorin in Wien. Nach Studium in Innsbruck und Paris war sie von 1988 bis 1990 Mitarbeiterin der UNESCO in Paris, von 1990 bis 1994 im diplomatischen Dienst, u. a. bei der österreichischen UN-Vertretung in New York. Von 1994 bis 1996 war sie Kabinettchefin im österreichischen Gesundheitsministerium. Seit 1997 arbeitet sie selbständig als Verlegerin, Kommunikationsberaterin und Autorin.

Dr. Kofler-Bettschart ist Herausgeberin von Gesundheitszeitschriften und Fachpublikationen sowie Koautorin zahlreicher Sachbücher.

www.bkkommunikation.at

Thomas Kauffelt

Der Fotograf Thomas Kauffelt ist Stilllifer aus Leidenschaft. Der 47-Jährige aus Mannheim arbeitet seit 1984 freiberuflich für Agenturen und international tätige Firmen. Neben seinen kommerziellen Auftragsarbeiten liebt er moderne Kunst. Hier entstehen zahlreiche Porträts und Katalogprojekte.

www.studio-kauffelt.de

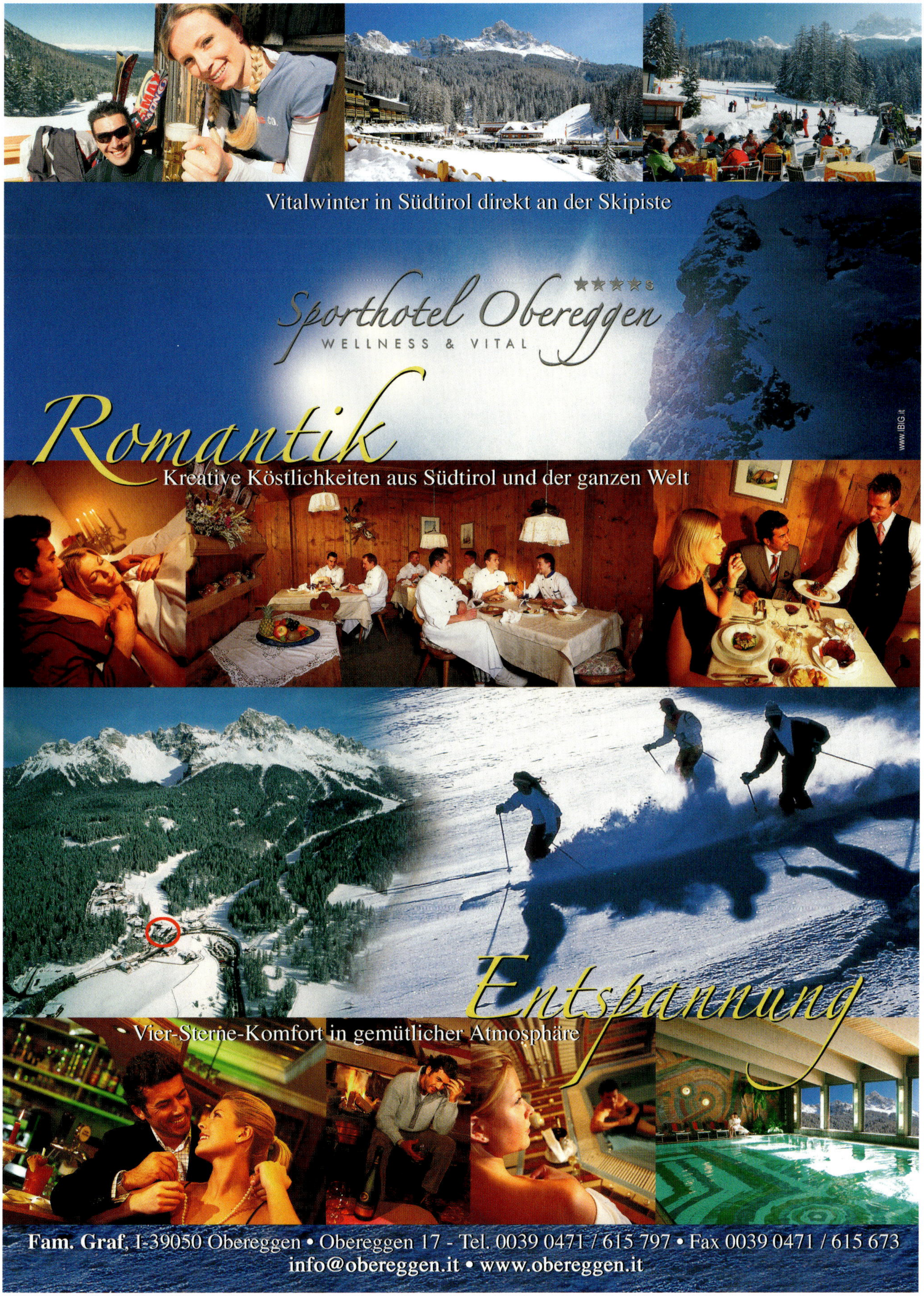
Vitalwinter in Südtirol direkt an der Skipiste
Sporthotel Obereggen
WELLNESS & VITAL
Romantik
Kreative Köstlichkeiten aus Südtirol und der ganzen Welt
Entspannung
Vier-Sterne-Komfort in gemütlicher Atmosphäre
Fam. Graf, I-39050 Obereggen • Obereggen 17 - Tel. 0039 0471 / 615 797 • Fax 0039 0471 / 615 673
info@obereggen.it • www.obereggen.it
www.IBIG.it